Stille Winkel in Potsdam

Für Erika und Horst Buchholz,
die Gärtner im Stillen Winkel

Stille Winkel in

Potsdam

Michael Bienert / Elke Linda Buchholz

Ellert & Richter Verlag

Inhalt

7   Mit Dampfer und Bahn nach Potsdam
Einschiffung auf die Insel

14   Neuer Lustgarten
Park der Erinnerung

21   Schloss Sanssouci
Die Sonnenseite der Macht

27   Die Weinberge Friedrichs des Großen
Rebhänge in Rekonstruktion

33   Vom Orangerieschloss nach Bornstedt
Gärtnerarbeit und Größenwahn

39   Die Lennésche Feldflur um Bornim
Bäuerliches Arkadien

43   Der Botanische Garten
Paradiesgarten und Pflanzenarche

47   Schloss Charlottenhof und Römische Bäder
Kleine Fluchten

53   Skulpturendepot auf dem Schirrhof
Das Schweigen der Götter

59   Friedenskirche und Marlygarten
Italien suchen, Frieden finden

65   Hinterhöfe im Holländischen Viertel
Der Garten der Hugenotten

71   Freundschaftsinsel und Karl-Foerster-Garten
Moderne Oasen

77   Caputh
Pfeif auf die Welt!

84	Einsteinturm und Telegrafenberg
	Zu den Sternen
88	Hermannswerder
	Insel der Wohltätigkeit
93	Weberplatz in Babelsberg
	Böhmisches Dorf
97	Schlosspark Babelsberg
	Wie fließt das Wasser ins Schwarze Meer?
103	Neuer Garten
	Mystik am Heiligen See
110	Alexandrowka und Militärstädtchen Nr. 7
	Russischer Archipel
116	Sacrow
	Der Weg zum Glück
122	Adressen und Literaturhinweise
126	Karte
128	Impressum

Die Bäume sind ja heute viel intelligenter als die Menschen.
Joseph Beuys

Mit Dampfer und Bahn nach Potsdam
Einschiffung auf die Insel

Auf dem weißen Schiffsdeck riecht es nach Havel und Benzin. Die Sonne blendet und ein scharfer Wind über dem Wannsee lässt uns frösteln. Halblaut brummt der Schiffsmotor. Auf dem Rücken eines Schwans würde man nicht sanfter nach Potsdam gewiegt. Potsdam ist eine Insel, von Wasserläufen, Seen und Buchten umfangen. Eine Insel betritt man am besten vom Wasser aus, leicht schwankend und mit hungrigen Sinnen.

Natürlich gibt es auch Straßen, Brücken, Radwege und die Eisenbahn. Mit dem Dampfer kommt man langsamer voran, aber Eile ist in Potsdam ohnehin nicht geboten. Die Anreise auf dem Wasser hat den Vorzug, dass die schöne Lage der Stadt und die landschaftlichen Reize der Gegend bereits unterwegs erlebbar sind. Noch ehe das von Wannsee kommende Schiff die Stadtgrenze zwischen Berlin und Potsdam passiert, gibt das Vorübergleiten der Pfaueninsel einen Vorgeschmack. Sie ist der nördlichste Mosaikstein der Potsdamer Park- und Gartenlandschaft, die unter den Hohenzollernfürsten über einen Zeitraum von 250 Jahren geschaffen wurde.

Eine kilometerlange Blickachse über die Havel verbindet das romantische Ruinenschlösschen auf der Pfaueninsel mit dem Marmorpalais im Potsdamer Neuen Garten. Beider Bauherr, der lebenslustige König Friedrich Wilhelm II., kaufte das Eiland im Jahr 1793 als Liebesnest für sich und seine Mätresse, die Gräfin Lichtenau. Bis heute gibt es keine Brücke zur Pfaueninsel, lediglich eine Fähre. Dadurch hat sie den Charakter eines Refugiums bewahrt, auch wenn dort keine Monarchen, sondern Scharen erholungsbedürftiger Berliner spazieren gehen.

Vom Wasser aus haben die preußischen Herrscher die Potsdamer Gegend als Lustrevier entdeckt, ehe sie dies Fleckchen Erde durch Alleen, Spazierwege, Blumenrabatten, Wasserspiele, Lustschlösser, Grotten, Tempelchen und Aussichtstürme in ihr Arkadien verwandelten. Das Wasser der Havel, auf dem unser Schiff dahingleitet, ist das Urelement dieser Landschaft. „Provinz Havelschwan" nennt sie Fontane in seinen „Wanderungen durch die Mark Brandenburg": „Die Havel ist ein aparter Fluss; man könnte ihn seiner Form nach den norddeutschen oder den Flachlands-Neckar nennen. Er beschreibt einen Halbkreis, kommt von Norden und geht schließlich wieder gen Norden, und wer sich aus Kindertagen jener primitiven Schaukeln entsinnt, die aus einem Strick zwischen zwei Apfelbäumen bestanden, der hat die geschwungene Linie vor sich, in der sich die Havel auf unseren Karten präsentiert. Das Blau ihres Wassers und ihre zahllosen Buchten (sie ist tatsächlich eine Aneinanderreihung von Seen) machen sie in ihrer Art zu einem Unikum. Das Stück Erde, das sie umspannt, unser Havelland, ist die Stätte ältester Kultur in diesen Landen. Hier entstanden, hart am Ufer des Flusses hin, die Bistümer Brandenburg und Havelberg. Und wie die älteste Kultur hier geboren wurde, so auch die neueste. Von Potsdam aus wurde Preußen aufgebaut, von Sanssouci aus durchleuchtet. Die Havel darf sich einreihen in die Zahl deutscher Kulturströme."

Schlängelt sich der Rhein zwischen Mainz und Koblenz malerisch zwischen steilen Felsen und alten Burgen hindurch, so mäandert die Havel flach und träge zwischen den Schlossanlagen der preußischen Herrscherdynastie. Der Vergleich scheint ein wenig weit hergeholt, da dieser Landschaft die Dramatik der Stromschnellen und der schwindelerregenden Höhenunterschiede fehlt. Dennoch: Im Zeitalter der Romantik haben Reminiszenzen an rheinische Ritterburgen und Gebirgslandschaften auch bei der Potsdamer Landschaftsverschönerung eine Rolle gespielt. Künstliche Bergseen und Wasserläufe in engen Schluchten, Schweizerhäuser, Ruinen und eine Teufelsbrücke wurden gebaut. „Würde jener Abhang gewählt, so würden auch an der Havel zwei Bruderschlösser so traulich zusammen liegen, wie der Rhein sie aus sagenhafter Zeit an seinen Ufern hat", argumentierte der weitsichtige Landschaftsarchitekt Peter Joseph Lenné, als er den zögerlichen Kronprinzen Wilhelm zum Ankauf des Abhangs überreden wollte, auf dem dann Karl Friedrich Schinkel das Schloss Babelsberg baute. Mit seinen mittelalterlichen Zinnen im Tudorstil bildet es das Gegenstück zu dem italienischen Landhaus, das derselbe Architekt für einen Bruder des späteren Kaisers in Klein-Glienicke errichtete.

Sobald unser Dampfer die Pfaueninsel passiert hat, sind wir mitten drin in einem Netz von geheimen und offensichtlichen Verbindungslinien, das die Herrscherdynastie über diese Landschaft geworfen hat. Am linken Ufer ragen die Kirche St. Peter und Paul und das Blockhaus Nikolskoe aus dem Wald, am rechten Ufer scheint die Sacrower Heilandskirche vor Anker zu liegen, dann weitet sich die Havel zum Jungfernsee mit Aussichten auf Klein-Glienicke und Babelsberg, das Marmorpalais und Schloss Cecilienhof. Schon gleitet der Dampfer unter der eleganten Eisenkonstruktion der Glienicker Brücke hindurch, viel zu rasch! In Mauerzeiten drehten die Ausflugsschiffe aus Westberlin schon vor Sacrow ab, an ein Weiterkommen war nicht zu denken. Die Glienicker Brücke an der wichtigsten Straße zwischen Potsdam und Berlin war abgeriegelt und wurde nur wenige Male benutzt, um Agenten zwischen Ost und West auszutauschen. Die Ufer waren durch hässliche Zäune und Betonmauern unpassierbar. Jetzt schlängeln sich beiderseits der Glienicker Brücke wieder gelbsandige Parkwege.

Die Stadt Potsdam kommt in den Blick, am Gestade der Berliner Vorstadt stehen schöne alte Villen und ankern Freizeitboote. Ruderer sind unterwegs, Angler sitzen am Ufer. Weiter weg rahmen Baukräne die grüne Kuppel von Schinkels Nikolaikirche. Das Wahrzeichen des alten Potsdam überragt die spektakuläre Architektur des neuen Stadttheaters im Kunstquartier an der Schiffbauergasse. Wie eine aufklappende rote Riesenmuschel leuchten die drei filigranen Betondachschalen über der gebogenen Glasfront zur Havel: ein gelungenes Signal dafür, dass Potsdam bei allem Respekt vor dem Hohenzollernerbe eine Stadt des 21. Jahrhunderts sein möchte.

Weiter geht es unter der Humboldtbrücke hindurch, gleich mündet linkerhand ein kleines Flüsschen in die Havel ein: die Nuthe. Auf der anderen Uferseite vermuten Archäologen den Ursprung der Stadt, dort fanden sich Spuren einer slawischen Siedlung aus dem 7. oder 8. Jahrhundert. Ein Turmhaus mit einem merkwürdig spitzen Dachaufbau, den man für einen futuristischen Sendemast halten könnte, erinnert an die zerstörte Heiliggeistkirche. Darunter entdeckten Archäologen die Überreste einer mittelalterlichen Palisadenburg. Eine Furt ermöglichte an dieser Stelle das Überqueren der Havel. Das sumpfige Gelände bot einen natürlichen Schutz gegen Feinde, erst tausend Jahre später wurde darauf unter großen Mühen die barocke Potsdamer Altstadt errichtet.

Die Havel verengt sich kanalartig zur Alten und Neuen Fahrt, dazwischen liegt die Freundschaftsinsel mit Spielplätzen, Brunnen und Blumenbeeten. Kurz vor der Anlegestelle an der Langen Brücke schiebt sich massig die größte Bausünde der jüngeren Zeit ins Bild: die Bahnhofspassagen. Das riesige Shoppingcenter mit Gleisanschluss wäre noch viel größer gebaut worden, hätte nicht die UNESCO gedroht, der Stadt den Status als Weltkulturerbe abzuerkennen.

Alles aussteigen! Wir hätten viel schneller am Bahnhof sein können, doch vom Zauber Potsdams hätten wir nichts erfahren. Besucher, die sehnsüchtig nach Sanssouci am Hauptbahnhof aus der S-Bahn oder dem Fernzug steigen, müssen erst mehrere städtebauliche Höllenkreise durchqueren: erst die Konsumzone der austauschbaren Bahnhofspassage, dann die offenen Wunden des zerbombten und brachial in DDR-Zeiten wiederaufgebauten Stadtzentrums, die Staubwolken der Schlossbaustelle und endlich die Fußgängerzone mit den üblichen Filialisten in Barockhäusern.

Nicht viel anmutiger präsentiert sich Potsdam, wenn man mit dem Auto anreist – entweder über die Autobahn oder direkt aus Berlin. Wer zum Beispiel über die Glienicker Brücke anrollt, erhascht einen kurzen Panoramablick auf die Schönheiten der Park- und Seenlandschaft, wird dann aber auf hässlichen breiten Autoschneisen um den Stadtkern geführt. Da das alte Potsdam nicht als autogerechte Stadt geplant wurde, bleibt man leicht im Stau oder vor einer Baustelle hängen. Eine schöne Alternative zum Schiff kann das Fahrrad sein. Vom Anlegesteg der Fähre zur Pfaueninsel führt ein Radweg am Havelufer entlang bis zur Glienicker Brücke, dort kann man auf die andere Uferseite überwechseln und durch den Neuen Garten in die Innenstadt und nach Sanssouci radeln. Oder man strampelt durch den Schlosspark Babelsberg und den Nuthepark neben der Dampferroute her bis zum Potsdamer Hafen.

Am Hafen würden wir am liebsten gleich ins nächste Schiff umsteigen. Vier Stunden dauert es, die ganze Insel Potsdam mit dem Dampfer zu umrunden, die Reise geht über ein Dutzend Havelseen und den Sacrow-Paretzer Kanal, vorbei an Caputh, Werder, Grube, Marquardt und Fahrland. Das wäre die ideale Annäherung an Potsdam, doch wer um Gottes Willen hat heute noch so viel Zeit?

Wir bleiben noch eine Weile am Hafen, doch denen, die es eiliger haben, nach Sanssouci zu kommen, sei ein Trick verraten. Man muss es angehen wie Wilhelm II., der reiselustige letzte Kaiser. Wegen der guten Luft und der schönen Umgebung bewohnte er viel lieber das Neue Palais im Park Sanssouci als das Berliner Stadtschloss. Nach Theater- oder Konzertbesuchen in der Hauptstadt fuhr er abends gern direkt nach Potsdam zurück, um morgens in aller Frühe auszureiten. Für Wilhelm II. und die Hofgesellschaft wurde bis 1909 ein eigener Bahnhof im englischen Cottage-Stil direkt am Parkrand von Sanssouci gebaut, den die Deutsche Bahn heute als Schulungszentrum nutzt. Direkt neben dem picobello restaurierten Kaiserbahnhof hält jede Stunde ein Regionalbahnzug auf der Strecke nach Magdeburg am schäbigen Haltepunkt Potsdam-Sanssouci. Für diese Züge braucht man von Berlin aus kein Fernbahnticket, es reicht ein S-Bahn-Fahrschein. Die Fahrzeit von der Berliner Stadtmitte bis nach Sanssouci beträgt nur eine halbe Stunde. Wer so geschwind anreist, hat zwar nichts von der Stadt Potsdam gesehen, aber viel Zeit zum Spazierengehen im Park.

Neuer Lustgarten
Park der Erinnerung

„Playa del Puerto" steht auf dem strohgedeckten Ausschankpavillon der Hafenbar, stattliche Fächerpalmen in Riesenkübeln verleihen dem Schiffsanleger ein südländisches Flair. Der Blick über Palmenwedel hinweg auf die Kuppel von Schinkels Nikolaikirche macht die Illusion perfekt, in einer Stadt des Südens angekommen zu sein. Und schon sieht auch das graue Hotelhochhaus am Hafen nicht mehr wie eine brutale Bausünde der DDR-Zeit aus, sondern weckt eher Erinnerungen an Touristenorte am Mittelmeer. Von der Langen Brücke und dem Hauptbahnhof weht Verkehrslärm zu den weißen Ausflugsschiffen herüber. Mit heiserem Tuten laufen die Dampfer in den Potsdamer Hafen ein.

Die Hafenpromenade grenzt an den Neuen Lustgarten. Dort lärmen städtische Gärtner, mit Kettensägen bringen sie Baumkronen und Hecken, sogenannte Boskette, in geometrische Formen. Zwei Dutzend muskulöse Männer mit tätowierten Oberkörpern sind beschäftigt, eine riesige Open-Air-Bühne für ein Rockkonzert am kommenden Wochenende aufzubauen. Der Neue Lustgarten liegt verkehrsgünstig in Bahnhofsnähe und bietet spielend Platz für Zehntausende. In stilleren Augenblicken ist er ein Park der Erinnerungen an eine über 300-jährige Gartengeschichte.

Der historische Lustgarten an dieser Stelle war die älteste künstlerisch gestaltete Grünanlage der Stadt. Er gehörte zum Stadtschloss der Hohenzollern und spiegelte ihren sich wandelnden Geschmack beim Repräsentieren. Der zur Bundesgartenschau 2001 völlig neu gestaltete Neue Lustgarten ist ein Vorbote für den Wiederaufbau des Schlosses. Dort soll künftig das brandenburgische Landesparlament tagen. Vom Lustgarten aus kann man verstehen, warum sich die Potsdamer mit den vielen Schlössern, die sie haben, nicht zufriedengeben, warum sie auch ihr Stadtschloss wiederhaben wollen.

Das aufgerissene Baugrundstück zwischen Nikolaikirche, Altem Rathaus und Lustgarten war für die Stadtarchäologen in den letzten Jahren ein aufregendes Grabungsfeld. Überreste einer mittelalterlichen Burg haben sie dort lokalisiert. Im Lauf der Jahrhunderte wurde dieser Herrschersitz häufig umgebaut, die angrenzende Fischer- und Handwerkersiedlung mehrfach erobert, verpfändet oder durch Stadtbrände vernichtet. Tausend Jahre dümpelte die Siedlung Potsdam im Havelsumpf, dann kam der Dreißigjährige Krieg. Und als endlich 1648 der Westfälische Frieden geschlossen wurde, waren drei Viertel der Häuser zerstört oder unbewohnbar, das Wirtschaftsleben weitgehend lahmgelegt.

Nach dieser Katastrophe erlebten Potsdam und Brandenburg-Preußen einen ähnlichen Aufstieg wie die Bundesrepublik nach dem Zweiten Weltkrieg. Treibende Kraft war der seit 1640 regierende brandenburgische Kurfürst Friedrich Wilhelm I., auch der „Große Kurfürst" genannt. Er ließ das Schloss völlig neu bauen und einen weitläufigen Barockgarten mit ornamentalen Buchsbaumhecken, sogenannten Broderien, anlegen.

Elemente barocker Gartengestaltung durchziehen auch den Neuen Lustgarten: Ein Ausschnitt des Broderiengartens wurde rekonstruiert, quaderförmig gestutzte Hecken umschließen einen Bolzplatz, man kann sich in hohen Bosketten verstecken. Aus der Kurfürstenzeit erhalten ist das lang gestreckte barocke Gebäude an seiner Nordseite: Die damalige Orangerie für die Zitronen- und Pomeranzenbäumchen dient seit 1981 als Filmmuseum.

Unter dem Großen Kurfürsten fielen im Potsdamer Schloss erstmals weitreichende politische Entscheidungen. 1685 unterzeichnete er dort das Edikt von Potsdam, eine Einladung an die protestantischen Hugenotten, sich vor der Glaubensverfolgung in Frankreich nach Brandenburg zu retten. Rund 20 000 Franzosen folgten dem Aufruf. Das Kalkül des Kurfürsten, sein kriegsverwüstetes Land neu zu bevölkern, ging auf. Die fleißigen und gut ausgebildeten Einwanderer spielten bei der wirtschaftlichen Erholung des Landes und dem Aufstieg Preußens zur europäischen Großmacht eine wichtige Rolle. Unter den Hugenotten waren viele Gärtner, die Erfahrungen in der Blumenzucht mitbrachten und dafür sorgten, dass frisches Gemüse wie Erbsen, Spargel, Blumenkohl, Chicorée oder Artischocken die königliche Tafel bereicherte.

„Dass ich gerne bauen lasse und auch viel von schönen Kleinodien halte, solches gestehe ich gerne, dass es mein Faible ist. Ich finde aber, dass es besser ist, sein Geld im Lande roulieren zu lassen, als allein das Geld in seinen Koffers liegen zu haben, und dass die Untertanen dabei auch leben können", schrieb 1708 der letzte brandenburgische Kurfürst und erste preußische König Friedrich I. an seine Frau. Um seine Rangerhöhung zu demonstrieren, ließ er das prunkvolle Fortunaportal als neuen Eingang zum Schlosshof am Alten Markt bauen. Vom Hafen, aber auch von den barocken Broderien im Neuen Lustgarten sieht man es gut, die goldene Glücksgöttin auf der Spitze tänzelt wie ein Talisman über der Schlossbaustelle. Das zu DDR-Zeiten abgerissene Prunkportal ist 2002 erneut eingeweiht worden, ermöglicht wurde der Wiederaufbau durch Spenden von Potsdamer Bürgern, allen voran des Fernsehmoderators Günther Jauch.

Der Bauherr Friedrich I. besaß eine Prunkjacht, die am Lustgarten vor Anker lag und mit der er zu Vergnügungen nach Glienicke oder Caputh segelte. Das Hafenbecken befand sich gleich hinter dem heutigen Schiffsanleger. Mitte des 18. Jahrhunderts ließ Friedrich der Große die Verbindung des Beckens zur Havel kappen. So entstand das Neptunbassin, in dem sich das Schloss spiegelte. Der Meeresgott und seine Gattin Amphitrite tauchten im pferdebespannten Wagen aus den Fluten auf, von Tritonen eskortiert. Friedrich der Große gab die Figurengruppe aus vergoldetem Blei in Auftrag, später wurde sie in Stein gehauen. In DDR-Zeiten wurde das beschädigte Neptunbassin zugeschüttet, zur Bundesgartenschau wieder ausgegraben. Nur das Fundament der Neptungruppe und zwei Figuren sind erhalten, das fehlende Personal deuten jetzt gebogene Metallröhren an. Sie versprühen feine Wassernebel, die der Wind kühlend über die Böschung des Beckens weht.

Ebenfalls aus der Zeit Friedrichs des Großen stammt die Kolonnade mit den kräftigen Ringerskulpturen, die zwischen Neptunbassin und Schiffsanleger steht. Ursprünglich verband sie das Stadtschloss mit dem Marstall und wurde erst 1970 ans Havelufer versetzt. Entworfen hat die Ringerkolonnade Georg Wenzeslaus von Knobelsdorff, der Architekt von Schloss Sanssouci. Friedrich beauftragte ihn 1744 mit dem repräsentativen Ausbau des Stadtschlosses, das als Potsdamer Winterresidenz diente, inklusive des Lustgartens. Unter seinem Vater Friedrich Wilhelm I. hatte es stark an Glanz verloren, die barocken Anpflanzungen waren teilweise aufgegeben, die Orangerie in einen Pferdestall umgewandelt worden. Auf dem staubigen Platz exerzierten die Langen Kerls des Soldatenkönigs. Knobelsdorff gab dem Schlossbezirk die Gestalt, die bis zum Zweiten Weltkrieg die Wahrnehmung Potsdams stark bestimmte. Wer über die Lange Brücke, den ältesten und wichtigsten Havelübergang, in die Stadt kam, sah zuerst das Schloss und blickte durch eine lange Kolonnadenreihe in den Lustgarten mit dem Neptunbassin.

Am lauschigsten ist die mittlere Parkpartie mit den schönen alten Linden und Eichen, sie dokumentiert die Anpassung des barocken Gartens an das Ideal eines

Landschaftsparks im 19. Jahrhundert. Der in Potsdam allgegenwärtige Gartenarchitekt Peter Joseph Lenné hatte hier seine Hand im Spiel. Nach schweren Bombenschäden im Zweiten Weltkrieg wurde im Sozialismus nicht nur das Stadtschloss, sondern auch der Lustgarten planiert. An seine Stelle traten das Ernst-Thälmann-Stadion und ein Karl-Liebknecht-Forum als Kulisse für staatlich organisierte Aufmärsche. Dort, wo einst die Schlossfenster auf den Lustgarten mit dem Neptunbassin hinausgingen, errichteten die DDR-Planer das 16-stöckige, nunmehr privatisierte Interhotel als neue städtebauliche Dominante. Potsdam sollte sich nicht länger als schönste Erinnerungsstätte der preußischen Monarchie präsentieren, sondern als moderne sozialistische Stadt.

Das hässliche Stadion musste zur Bundesgartenschau dem Neuen Lustgarten weichen, aber das Andenken an die sozialistische Vergangenheit wurde nicht ganz gelöscht. Große Mosaikwände mit Bildern aus dem Leben des KPD-Führers Karl Liebknecht wurden in die Nähe des Neptunbeckens versetzt, eine dem Politiker gewidmete Bronzeskulptur des Bildhauers Theo Balden mit dem Titel „Herz und Flamme der Revolution" fand neben dem Hotelhochhaus ihren Platz. Dass diese Zeugnisse des Liebknecht-Kultus nicht völlig aus dem Verkehr gezogen wurden, mag auch damit zusammenhängen, dass der Geehrte tatsächlich in Potsdam tätig war. 1912 erkämpfte Liebknecht im Wahlkreis Potsdam ein Reichstagsmandat für die Sozialdemokraten. Dass so etwas in der verhätschelten Lieblingsstadt des Kaisers passieren konnte, war eine dicke Blamage für die konservativen Kräfte.

Der Neue Lustgarten ist sicher nicht die stillste und abgeschiedenste Grünanlage Potsdams, aber ein durchdachtes Patchwork mit eigenen Reizen. Drumherum wird noch einige Jahre fleißig weitergebaut werden, um die Lücken zu schließen, die der Bombenkrieg und der sozialistische Stadtumbau im einstigen Potsdamer Machtzentrum hinterlassen haben. Im Neuen Lustgarten sieht man, wo die Stadt hin will: Nicht zurück in die gute alte Zeit, sondern geschichtsbewusst in die Zukunft.

Schloss Sanssouci
Die Sonnenseite der Macht

Das frühe Aufstehen hat sich gelohnt. Morgens um halb neun sind die Reisebusse noch nicht in Potsdam eingetroffen. Schloss Sanssouci erwartet mit zugezogenen Vorhängen den täglichen Ansturm der Besucher. Mehr als 300 000 kommen jedes Jahr, um das Lustschloss Friedrichs des Großen zu besichtigen. Wenig deutet um diese Stunde darauf hin, was später hier los sein wird. Ein einzelner Straßenmusiker hat sich auf der Strecke zwischen Parkplatz und Schlosskasse in Stellung gebracht. Mit Perücke und Dreispitz als Alter Fritz kostümiert, übt er auf der Querflöte populäre Melodien von Mozart und Grieg. Die Morgensonne wärmt die halbnackten Bacchanten und Bacchantinnen aus Stein, die an der gelben Gartenfassade das Schlossdach tragen. Der alte Orangeriegärtner gießt mit zwei altertümlichen Blechkannen die windzerzausten Pomeranzenbäumchen. Sonst ist auf der breiten Terrasse mit dem weiten Ausblick in den barocken Schlossgarten und seine Umgebung kein Mensch. Unten auf den Parkwegen genießt eine Handvoll Spaziergänger den stillen Morgen.

Eine so königliche Einsamkeit an einem wolkenlosen Hochsommertag vorzufinden, hatten wir nicht erwartet. Sanssouci im Winter oder an einem nebligen Herbsttag besitzt ja seinen eigenen Zauber. Aber so wie jetzt, an diesem Sommermorgen, hatte sich Friedrich der Große seinen Lustort erträumt. Gleich muss der Vorhang hinter einem der bis zum Boden reichenden Schlossfenster zurückgeschlagen werden. Ein schlankes Windspiel stürmt auf die Terrasse, gefolgt von dem alten Herrn, der sich nachlässig gekleidet auf einen Stock stützt. Er richtet sein scharfes Auge auf das Tun des Gärtners ...

Schloss Sanssouci thront auf parabolisch geschwungenen Weinbergterrassen, in ihre Stützmauern sind hohe Glasfenster eingelassen, die um diese Jahreszeit halb offen stehen. Dahinter wachsen Feigen, werden aber selten richtig süß. Zu Zeiten Friedrichs des Großen war sein Lustschloss von Obstgärten, Weinbergen, Gewächshäusern und Orangerien umgeben. Als er starb, zählte man allein in Sanssouci 725 Orangenbäume.

In die Rabatten des Gartenparterres haben die Gärtner in der vergangenen Woche 20 000 bunte Sommerblumen gepflanzt. Brennende Liebe, Wunderblumen, Tuberosen, Papageienfedern und Bartnelken bildeten schon im Rokoko farbenprächtige Blütenteppiche. Tomatenpflänzchen stehen mittendrin, ihre Früchte galten damals als ungenießbar, sie wurden aber wegen ihrer roten Farbe als exotisches Ziergewächs geschätzt.

Ein großes kreisrundes Wasserbecken, umringt von griechischen Marmorgottheiten, bildet den Mittelpunkt des Gartenparterres. Die Fontäne in der Mitte sprudelt nicht. Das entspricht den historischen Tatsachen, denn zu Zeiten Friedrichs des Großen misslangen alle Versuche, sie in Betrieb zu nehmen. Den vom Ehrenhof auf der Nordseite des Schlosses sichtbaren Ruinenberg ließ er mit einem Hochbehälter krönen, doch alle Bemühungen, das Havelwasser dort hinaufzupumpen, scheiterten. Erst mit der Vollendung des Dampfmaschinenhauses in Gestalt einer Moschee an der Neustädter Havelbucht im Jahr 1843 wurden die technischen Probleme gelöst.

Oben am Schloss zischt ein einzelner Wassersprenger. Er steht genau über der unterirdischen Kammer mit dem Sarg des großen Königs. Die Gruft wurde schon 1744 gebaut, als Friedrich den „wüsten Berg" zu einem terrassierten Weinberg umgestalten ließ. Sie ist älter als das kurz darauf errichtete Schloss. Künstlicher Regen fällt auf den grünen Rasen über der Gruft, nässt die schlichten Grabtafeln mit den Namen des Königs und seiner geliebten Hunde. Auch die Steinbüsten der sechs römischen Kaiser, die im Halbkreis um den Begräbnisplatz aufgestellt sind, bekommen eine Dusche ab. Der Strahl des Rasensprengers bricht sich am schneeweißen Marmorrücken einer nackten Flora über der Grabanlage, taucht die Göttin der Blumen in einen gleißenden Nebel und lässt ihren schmalen Körper noch verführerischer glänzen.

Von christlicher Grabsymbolik keine Spur, der aufgeklärte Monarch wünschte ein heidnisches Begräbnis: „Ich habe als Philosoph gelebt und will als solcher begraben werden, ohne Pomp, ohne Prunk und ohne die geringsten Zeremonien. Man bringe mich beim Schein einer Laterne, und ohne dass mir jemand folgt, nach Sanssouci und bestatte mich dort ganz schlicht auf der Höhe der Terrasse, rechterhand, wenn man hinaufsteigt, in einer Gruft, die ich mir habe herrichten lassen." Als Friedrich am 17. August 1786 kurz nach zwei Uhr nachts in seinem Arbeitszimmer in Schloss Sanssouci starb – der kürzlich frisch bezogene Sterbesessel ist drinnen zu besichtigen – ordnete der Nachfolger dennoch ein Staatsbegräbnis in der Potsdamer Garnisonkirche an. Der Zweite Weltkrieg verschlug die Särge Friedrichs des Großen und seines Vaters in ein Kalibergwerk in Thüringen, von dort ging die Reise weiter nach Marburg und 1952 auf die Burg Hohenzollern. Nach der deutschen Wiedervereinigung war es möglich, die Särge nach Potsdam zurückzuführen. Statt in die zerstörte Garnisonkirche wurde der Soldatenkönig in die Friedenskirche gebracht und der Sohn am 205. Todestag in Sanssouci zur letzten Ruhe gebettet.

Auch das Schlaf-, Arbeits- und Sterbezimmer im Schloss hat Friedrichs Nachfolger mit wenig Pietät behandelt, die Möbel verschenkt und den Rokokoraum klassizistisch umbauen lassen. Vielleicht war er viel zu abgewohnt, um ihn der Nachwelt zu zeigen. Ein damaliger Besucher beschreibt Friedrichs Privatgemach als durch eine Balustrade geteiltes Zimmer mit vielen Spiegeln, darin „ein einfaches Feldbett bedeckt mit einer dunkelroten Taftdecke und ebenso unsauber wie die übrigen Möbel; das rührte von den zahlreichen Hunden her, die der König liebte und die in den königlichen Zimmern hausten. Ebenso waren mehrere Tische mit unordentlich herumliegenden Büchern bedeckt." Im Museumsschloss herrscht selbstverständlich preußische Ordnung und Sauberkeit. Die beschwingte Eleganz der erhaltenen Rokokosäle und viele witzige Details wecken Sympathien für den geschmackvollen Bauherrn: zierliche Rocaillen mit Pflanzen und Früchten, stilisierte Weinreben im Fußboden des ovalen Marmorsaals oder goldene Spinnen an der Decke des Konzertsaals. Diese Räume hat der Maler Adolph von Menzel ganz genau studiert, ehe er um 1850 seine beiden berühmtesten Friedrichsbilder malte, das „Flötenkonzert" und die „Tafelrunde von Sanssouci". Der von Friedrich umworbene Aufklärer Voltaire war kurze Zeit der Mittelpunkt der gelehrten Zusammenkünfte in Sanssouci. In seinen Erinnerungen schreibt Voltaire: „Wäre jemand plötzlich eingetreten, hätte dieses Bild gesehen und uns zugehört, er hätte geglaubt, die sieben Weisen Griechenlands unterhielten sich im Bordell. Nirgends auf der Welt wurde je mit so viel Freiheit über den Aberglauben der Menschen gesprochen, und nie mit so viel Spott und Verachtung. Gott war ausgenommen; aber von denen, die in seinem Namen die Menschen getäuscht hatten, blieb keiner verschont. Weder Frauen noch Priester betraten je das Schloss. Kurz, Friedrich lebte ohne Hof, ohne Rat und ohne Religion."

Umso mehr liebte der Philosoph von Sanssouci seine Bücher. Die Bibliothek war sein allerpersönlichster Rückzugsort im Refugium Sanssouci, durch einen schmalen Gang mit dem Wohn- und Schlafraum verbunden. Allein der König durfte die kreisrunde Klause mit den in die Wandverkleidung eingepassten Bücherschränken aus rötlichem Zedernholz betreten. 2288 Bände umfasst die Bibliothek von Sanssouci, alle mit dem Buchstaben „V" wie vigne (deutsch: Weinberg) auf dem Buchdeckel. In seinen Schlössern in Berlin, Potsdam, Charlottenburg und Breslau gab es genau die gleichen Bücher mit anderem Zeichen noch einmal, so musste der König sich nur die Seitenzahl merken, um die Lektüre nach einem Ortswechsel wieder aufzunehmen. Alle Bücher waren in französischer Sprache abgefasst, schenkte man ihm deutsche Bücher, schickte er sie an die Königliche Bibliothek in Berlin.

Friedrich selbst schrieb seine philosophischen und historischen Abhandlungen auf Französisch. Seine Verse ließ er von Voltaire korrigieren. Aus den Fenstern der Bibliothek von Sanssouci blickte der König auf die antike Bronzeskulptur eines Knaben und die Terrassen mit der für ihn vorbereiteten Gruft. An trüben Tagen genügte zur Aufheiterung ein Blick auf den goldenen Strahlenkranz an der Zimmerdecke: In Friedrichs Lesekabinett schien immer die Sonne.

Die Weinberge Friedrichs des Großen
Rebhänge in Rekonstruktion

Weintrauben sind in Sanssouci allgegenwärtig: Goldglänzend reifen sie als verspielt-eleganter Rokokozierrat an den Wänden des Sommerschlosses, türmen sich auf den Früchtebouquets im Voltairezimmer. Im ovalen Speisesaal tritt man sie, in farbigem Marmor eingelegt, mit Füßen. Die steinernen Bacchanten draußen an der Schlossfassade bedecken ihre Blöße mit Weinranken. Auch in den Römischen Bädern bei Charlottenhof wird auf einem Wandbild Wein gekeltert, während echte Trauben draußen an den Pergolen heranreifen. Noch sind sie grasgrün und winzig, doch der warme Sommer verspricht süße Ernte. Wer wohl die Trauben essen darf?

Drei Weinberge gehören zum Parkrevier: Am bekanntesten ist die Terrassenanlage, über der sich Schloss Sanssouci erhebt. Mit ihren durch renovierte

Glastüren geschützten Feigen und Weinstöcken ist sie in bestem Zustand. Vor dem östlichen Parkeingang am Obelisken jedoch liegt ein prächtiger Weinberg brach. Ein Schriftzug aus übermannshohen weißen Lettern auf der oberen Terrasse verkündet: „OHNE SORGE". Eine Anspielung darauf, dass sich jahrzehntelang niemand um diesen Weinberg sorgte! Auf der Straße davor brausen die Touristenbusse zum Sanssouci-Parkplatz, vorbei am reich mit Terrakottareliefs verzierten Triumphtor von Friedrich August Stüler, mit dem König Friedrich Wilhelm IV. den friderizianischen Winzerberg 1851 schmückte. Das malerische Winzerhaus von Ludwig Persius wird von einem ehemaligen Mitarbeiter der Schlösserstiftung bewohnt. Aber vor den Rebterrassen weiden Schafe zwischen Bauschutt, mitten am Tag schnürt ein Fuchs vorbei.

„Jahrzehntelang hat niemand an die Rettung des Winzerbergs geglaubt", erklärt Hartmut Gölitz, Steuerberater und Schatzmeister des Bauvereins, der die Terrassen innerhalb von zehn Jahren sanieren möchte. Laut Plänen aus dem 19. Jahrhundert reichten die Fundamente nur einen Meter tief, außerdem hatte ein Bunkerbauprojekt in der Nazizeit die Standfestigkeit untergraben. Nun hat ein Student für seine Diplomarbeit nachgegraben und entdeckt, dass die Fundamente aus der Zeit Friedrichs des Großen viel massiver sind, als angenommen. Die eingestürzten Mauern und Pergolen können wiederaufgebaut werden. In ehrenamtlichen Einsätzen haben die 150 Mitglieder des Vereins den Müll von Jahrzehnten weggeräumt. Ein erster Abschnitt der rekonstruierten hölzernen Pergola ist bereits probehalber angebracht, der Treppenaufgang mit dem monumentalen Reliefkopf des Weingottes Bacchus gesichert. Die ausgeliehene Schafherde in der für Besucher noch gesperrten Weinbergsruine hält das Unkraut kurz. Gölitz wünscht sich, dass der Berg irgendwann allen Potsdamern offensteht. Er kann sich neben Weinstöcken auch einen Schulgarten auf den Terrassen vorstellen.

Etwas unaufgeräumt wirkt auch der große Weinberg auf der anderen Seite von Schloss Sanssouci unterhalb des zartgelben Belvederes auf dem Klausberg. Kein Obstgärtner oder Weinbauer weit und breit. Ein paar Dutzend zierliche junge Obstbäume strecken ihre Äste in den Himmel über Sanssouci und treiben ihre Wurzeln in die terrassierte Erde – Vorboten besserer Zeiten. Lächelnd thront hoch oben über dem ehemaligen Weinberg das filigrane Belvedere. Von hier konnte schon Friedrich der Große den Blick über die Landschaft genießen. Seit 2002 ist das restaurierte Belvedere am Wochenende auch innen wieder zugänglich. Wie erschreckend verfallen es zuvor war, dokumentieren dort alte Fotos.

In jüngster Zeit bemüht sich die Schlösserverwaltung, neben den historischen Bauwerken auch die Nutzgärten des königlichen Gartenreviers wieder instand zu setzen. So sind vor den Neuen Kammern, dem einstigen Gästehaus neben Schloss Sanssouci, vier „Kirschquartiere" mit 140 Süß- und Sauerkirschbäumen, darunter Schattenmorellen, Spanische Knorpel- und Werdersche Herzkirschen, gepflanzt worden. Auf dem Weinberg am Klausberg finden nun Behinderte der Berliner Mosaik-Werkstätten eine sinnvolle Aufgabe bei der Sanierung. 2,5 Hektar umfasst der Weinberg, der 1769 von dem Grenadier Werle für Friedrich II. angelegt wurde. Mehr als 200 Jahre lang reiften hier neben Trauben auch Pfirsiche, Kirschen und anderes Obst. Friedrich II. förderte den Rebanbau vor allem für die königliche Tafel, nicht für die Kelter. Als Tischwein bevorzugte er Champagner und französische Tropfen, ließ sich aber auch Rhein- und Ungarweine, spanischen „Tinto" und sogar den damals gerühmten Vin de Constance aus Südafrika schicken. Seit 2004 lagern im restaurierten alten Weinkeller des Schlosses wieder einige edle Tropfen.

In der Ära Friedrichs blühte der Obstbau in Sanssouci auf. Mit saftigen Prämien animierte er seine Gärtner dazu, trotz der nicht von der Sonne verwöhnten Breitenlage ihm bereits so früh wie möglich im Jahr süße Kirschen, Birnen, Pflaumen, Aprikosen und Trauben zu liefern und die Vegetationsperiode so lange wie möglich in den Herbst hinein auszudehnen. Selbst Ananas, Melonen und andere südländische Früchte wurden aufwendig in speziell konstruierten Treibhäusern gezogen. Bis in die Kaiserzeit lebte diese Tradition in Potsdam fort. Auf den Terrassen am Klausberg investierte Kaiser Wilhelm II. um 1900 noch einmal kräftig in modernste Obstzuchttechnologien: Es entstanden zwei große Gewächshausanlagen, die mit Dampf- und Warmwasserheizungen von zwei Kesselhäusern aus erwärmt wurden, die Unmengen von Koks und Kohle verschlangen. Heute sind die Kesselhäuser und Schornsteine in ruinösem Zustand. Undurchdringliches Rankenwerk wuchert über die zerbrochenen Scheiben der Glashäuser, schief und krumm hängen die alten Holz- und Metallrahmen in den Angeln. Eines der Gewächshäuser fehlt ganz, es wurde nach dem Zweiten Weltkrieg als Reparationsleistung in die Sowjetunion abtransportiert.

Ganz am östlichen Ende der Anlage finden wir staunend ein gepflegtes Obstbaurevier: Drei weiß getünchte Mauergevierte stehen dort – wie Zimmer ohne Dach. Der französische Obstgärtner Alexis Lepère d. J. erhielt 1862 die Genehmigung, dieses von ihm erprobte System hier zu errichten. Im windgeschützten, sonnengewärmten Inneren der 1999 rekonstruierten „Lepèreschen Mauern" ranken sich an Holzgerüsten zierliche Rebstöcke empor, auch Spalierobst wird hier gezogen wie einst. Eine Berliner Ausbildungseinrichtung nutzt die Anlage für den Anschauungsunterricht. Künftig soll der Musterweinberg am Klausberg öffentlich zugänglich sein, ein Weinlehrpfad über historische und heutige Sorten Auskunft geben, ein Informationszentrum ins alte Kesselhaus einziehen. In einem kleinen Laden könnten die Beschäftigten der Behindertenwerkstatt die Erzeugnisse ihres Obst-, Wein- und Kräuteranbaus anbieten.

Zuvor jedoch gilt es, die Terrassen vom Wildwuchs zu roden, die Pflanzbeete vorzubereiten, die alten Wege wiederherzustellen. Die teilweise ruinösen Ziegelbauten sollen saniert, die Dächer repariert, die Gewächshäuser mit den Originalteilen rekonstruiert werden. Schon ist der schöne alte Maschendrahtzaun aus der Kaiserzeit wieder vom Rankendickicht befreit. Nur das alte Winzerhaus, das Friedrich der Große für den Weinbauern errichten ließ, wird keine Gärtnerfamilie mehr beherbergen: Das Drachenhaus dient seit 1934 ausschließlich als Gaststätte. Unter den wachsamen Blicken kleiner grüner Drachen, die auf allen Ecken des pagodenartigen Daches hocken, serviert man verlockende Torten und warme Speisen. Die ungewöhnlich reichhaltige Weinkarte umfasst auch hiesige Tropfen, etwa einen erfrischenden, trockenen Müller-Thurgau vom Werderaner Wachtelberg des Winzers Manfred Lindicke. Er knüpft – nur wenige Kilometer von Sanssouci entfernt – an die historische Weinbautradition der Region wieder an. Als nördlichste Reblage für Qualitätswein ist sein Weinberg bei der EU registriert. Was heute kaum noch jemand weiß: Bis zur Zeit Friedrichs II. war der Weinbau eine der Haupteinnahmequellen der Landbevölkerung. Allerdings spotteten Weinkenner schon im 16. Jahrhundert über den sauren Tropfen: „Märkischer Wein geht durch die Kehle wie eine Säge."

Vom Orangerieschloss nach Bornstedt
Gärtnerarbeit und Größenwahn

Nach den Eisheiligen im Mai, wenn keine Nachtfröste mehr zu befürchten sind, dürfen die Kübelpflanzen aus der Großen Orangerie von Sanssouci ihr Winterquartier verlassen. Riesige Fenster werden ausgehängt, damit die Palmen bequem mit dem Gabelstapler aus den langen Hallen gefahren werden können. Manche wiegen drei Tonnen und sind 140 Jahre alt, erzählt der Chefgärtner der Orangerie. Tausend Kübelpflanzen pflegt er mit zwei Gehilfen rund ums Jahr. Um sie innerhalb von drei Wochen im Park auszusetzen, müssen Zivildienstleistende mit anpacken. Anfang Juni muss eine der Orangeriehallen geräumt sein, um sie für Konzerte und Theatervorstellungen nutzen zu können.

Seit 1960 arbeitet der Orangeriegärtner Hartmut Hiller in Sanssouci. Als Lehrling hat er angefangen, dann seinen Wehrdienst in der Nationalen Volksarmee abgeleistet und anschließend Gartenbau studiert. Bald geht er in Rente, dann will er sich ganz seinen privaten Pflanzensammlungen widmen. Seine Sorgenkinder in Sanssouci sind die Zitrusfrüchte in exponierter Lage, zu viel scharfer Wind und Feuchtigkeit bekommen ihnen gar nicht. Hier oben, auf den warmen, seitlich geschützten Südterrassen unterhalb des Orangerieschlosses, gedeihen sie gut.

Die älteste Pflanze aus der Orangerie, erzählt Hartmut Hiller, ist eine Myrte, 240 Jahre alt. In ihrer zarten Jugend schlurfte der Alte Fritz am Stock durch den Park. Schon die alten Griechen und Römer schmückten ihre Bräute zur Hochzeit mit Myrtenkränzen, sie ist ein Symbol der Jungfräulichkeit, Reinheit und zugleich der Fruchtbarkeit. Vor der Orangerie laden Gärtnerinnen in knallroten Blusen Plastikkisten voller Blumen für die Rabatten von einem Autoanhänger. Ruck, zuck verschwinden die Wurzelballen in der lockeren Erde. Allein für die Wechselbepflanzung im Park Sanssouci werden jedes Jahr etwa 230 000 Pflanzen in 420 Arten und Sorten benötigt. Sie stammen aus der eigenen Gärtnerei, wo die ausgesuchten Pflanzen termingerecht angezogen werden. Rund 120 Gärtner beschäftigt die Schlösserstiftung, eine eher geringe Zahl angesichts des Pflanzenreichtums und der Üppigkeit in den preußischen Gärten.

Die Fassade der Orangerie ist zum Teil durch Gerüste verdeckt, polnische Bauhandwerker schließen dort Löcher im Putz. Die Parkbänke für Müßiggänger fehlen noch auf der Hauptterrasse, sie werden erst aufgestellt, wenn alles für den Sommer herausgeputzt ist. Inmitten der allgemeinen Geschäftigkeit steht reglos ein königlicher Spaziergänger auf weißem Sockel. Ein Spazierstock ist sein Zepter. Friedrich Wilhelm IV., der „Romantiker auf dem Thron", hat das Orangerieschloss in der Mitte des 19. Jahrhunderts bauen lassen. „Mit Türmen, endlosen Fronten, hallenden Höfen, hohen Gewölben, mit weit hinausgeschobenen Terrassen, mit murmelnden Brunnen und römischen Sarkophagen. Eine kolossale Zwecklosigkeit; so traumverloren schön, so berückend, so dämonisch in seiner Verlassenheit, wie nur das ganz Zwecklose und Widersinnige sein kann", schrieb 1911 der Journalist Victor Auburtin in einer Hommage an den König, der täglich neue Architekturprojekte zu Papier gebracht hatte. Die Vollendung des Orangerieschlosses hat er nicht mehr erlebt. Es war sein Neuschwanstein, eine gigantische Architekturfantasie, die sich nebenbei als Aufbewahrungshalle für Pflanzen eignete. Zu besichtigen sind der Raffaelsaal, in dem 50 Kopien von Werken des vom König verehrten Malers ausgestellt sind, und die kaum jemals bewohnten Gästeappartements des Königs. Das alles rechtfertigte den wahnwitzigen baulichen Aufwand kaum, ist nur aus der königlichen Vision heraus zu begreifen, die Potsdamer Landschaft weiträumig zu einem geträumten Italien umzugestalten.

Eine enge eiserne Wendeltreppe führt auf die beiden Türme, zwischen denen eine breite Aussichtsterrasse in luftiger Höhe ausgespannt ist. Oben langweilt sich ein einsamer Aufseher. Der Blick geht über die Kronen der Sanssoucibäume wie über ein grünes Meer, die grüne Kuppel des Neuen Palais lugt wie der Ausguck eines U-Bootes hervor. Linkerhand sieht man die Potsdamer Kirchturmspitzen und die Flügel der Windmühle bei Schloss Sanssouci – und leider auch die Wohnhochhäuser aus DDR-Zeiten. Sonst hätte man die Illusion, in einer nur dünn besiedelten Gegend zu sein, mit waldigen Hügeln bis an den Horizont.

An der Rückseite der Orangerie steigt ein schlanker Campanile aus den Baumkronen empor, dort liegt das Dorf Bornstedt. Der Ort selbst bleibt dem Blick vom Aussichtspunkt verborgen, bis auf eine malerisch ins Grüne gebettete Gebäudegruppe im italienischen Landhaus- und Villenstil. Genau so hatten sich das Friedrich Wilhelm IV. und sein Landschaftsplaner Peter Joseph Lenné in der Mitte des 19. Jahrhunderts vorgestellt, als der Bornstedter Kirchturm und das Krongut gebaut wurden.

„Wer hätte nicht an sich selbst erfahren, wie frei man aufatmet, wenn man aus der kunstgezogenen Linie auch des frischesten und natürlichsten Parks endlich über Graben und Birkenbrücke hinweg in die weit gespannte Wiesenlandschaft eintritt, die ihn umschließt! Mit diesem Reiz des Einfachen und Natürlichen berührt uns auch Bornstedt. Wie in einem grünen Korbe liegt es da", schreibt Theodor Fontane. Das Krongut diente früher der Landwirtschaft. Seit 1867 war es Wohnsitz des Kronprinzen und späteren 100-Tage-Kaisers Friedrich III. Vor wenigen Jahren sind Herrenhaus, Stallungen, Springbrunnen und Parkanlagen akkurat wiederhergestellt worden, als stilvolle Umgebung für die Versorgung der Sanssouci-Touristen mit hausgebrautem Bier, Kaffee, Wein und brandenburgischen Handwerksartikeln. An der schmalen, wenig befahrenen Dorfstraße schräg gegenüber stehen der hübsche Campanile und ein gemauerter Säulengang, das Entrée zur Dorfkirche und dem alten Friedhof.

Vor allem seinetwegen lohnt sich der kurze Spazierweg von der Orangerie hinab nach Bornstedt. Um die Kirche winden sich zwischen Farnen und Grabsteinen schmale Wege unter knorrigen alten Bäumen. Ins Singen der Vögel mischt sich das sonore Quaken der Frösche vom Bornstedter See. Überall in Potsdam hat der Mensch die Vegetation gezähmt und veredelt, die Natur nach seinem Geschmack arrangiert, auf dem wildwüchsigen Friedhof scheint diese Kraft erlahmt zu sein. In Bornstedt liegen die berühmten Hofgärtner von Sanssouci unter schlichten Feldsteinen oder Kreuzen begraben. Seit dem 18. Jahrhundert wurden die Finessen der Gartenkunst in den Familien Fintelmann, Sello oder Nietner von Generation zu Generation weitergegeben. Neben der Hohenzollernfamilie waren es diese Gärtnerdynastien, die der Potsdamer Landschaft ihren Stempel aufdrückten. Die Familie Sello – sie geht bis auf den Hofküchengärtner des Alten Fritz zurück – besitzt auf dem Bornstedter Friedhof ein eingefriedetes Gräberfeld. Auf diesem Privatfriedhof fand auch Peter Joseph Lenné, der einflussreichste Landschaftsgestalter der Potsdamer Gegend, seine letzte Ruhe, obwohl er gar nicht zur Familie gehörte. Wegen seiner rheinisch-katholischen Herkunft war auf dem protestantischen Gemeindefriedhof für ihn kein Platz, dank der Selloschen Großzügigkeit konnte er dennoch in der Nähe von Sanssouci bestattet werden.

„Was in Sanssouci stirbt, das wird in Bornstedt begraben", lautet ein geflügeltes Wort von Fontane. Auch der Architekt Ludwig Persius, der die Friedenskirche und einige der charakteristischen Hofgärtnerhäuser in Sanssouci entworfen hat, liegt auf dem Selloschen Friedhof. An der Kolonnade neben der Kirche hängt eine recht neue Tafel zum Gedächtnis an Henri Alexandre de Catt, den Vorleser und Privatsekretär Friedrichs des Großen. Die Gräber seines Gartendirektors Heinrich Ludwig Manger, von hohen Militärs und Leibärzten der preußischen Könige sind mithilfe der aushängenden Lagepläne zu finden.

Steht die Kirche offen, kann man darin eines der wunderlichsten preußischen Grabmäler bestaunen. 1731 ließ der Soldatenkönig seinen Hofgeschichtsschreiber Jakob Paul von Gundling hier zu Grabe tragen. Gundling war Präsident der Akademie der Wissenschaften, Kammerherr und zugleich Hofnarr des Königs. Bunt kostümiert wie ein Pfau musste er vor dem Tabakskollegium, der geselligen Herrenrunde des Monarchen, erscheinen, dort aus den Zeitungen vorlesen, als wandelndes Universallexikon alle möglichen Fragen beantworten und viele sadistische Späße über sich ergehen lassen. Der Spott seines Herrn verfolgte Gundling über den Tod hinaus:

Hier liegt in seiner Haut,
Halb Schwein, halb Mensch, ein Wunderding,
In seiner Jugend klug, in seinem Alter toll,
des Morgens voller Witz, des abends toll und voll

war auf seinem Sarg, einem großen Weinfass, zu lesen. Das Epitaph in der Bornstedter Kirche rühmt Gundlings Gelehrsamkeit, Redlichkeit und Umgänglichkeit; aber sein Wappen mit den Pfauenfedern wird von Minerva und einem Hasen gehalten, was so viel heißt wie: Gundling war ein kluger Mann, aber eitel und feige.

Die Lennésche Feldflur um Bornim
Bäuerliches Arkadien

Unmöglich, beim Anblick roter Mohn- und Kornfelder unter blassblauem Himmel nicht an Gemälde impressionistischer Maler zu denken. Das Landschaftsbild, das im Norden Potsdams auftaucht, muss nicht erst gemalt werden, um ein Kunstwerk zu sein. Es ist sogar älter als die impressionistische Landschaftsmalerei. Die dicken Eichen links und rechts des staubigen Weges sind vor gut 150 Jahren gepflanzt worden. Aus der Allee schweift der Blick auf der einen Seite über Kornfelder, auf der anderen Seite stehen zwei- oder dreihundert Rinder auf einer sonnenverbrannten Weide. Einige dösen am Rand im Schatten der Alleebäume. Kälbchen schmiegen sich an ihre Muttertiere, ein schöner brauner Stier nimmt die Witterung des Spaziergängers auf und senkt die Hörner. Beruhigend, dass ein Elektrodraht den Betrachter von dem malerischen Bildmotiv trennt.

„Es genügt uns nicht, in der Natur einen oder den andern Gegenstand von gefälliger Art und Aufschmückung zu erblicken. Wir begehren, dass sich alles Sichtbare zu angenehmen Szenen zusammenfüge, und das nicht bloß auf einem oder dem anderen Standpunkte, sondern in fortschreitender Entwicklung und immer neuen, bald vorbereiteten und dann wieder überraschenden Bildern, bald in gefälliger Beschränkung, dann wieder in weithinreichender Ausbreitung", heißt es 1826 in einer Abhandlung „Über Trift- und Feldpflanzungen", an der Peter Joseph Lenné mitgearbeitet hat. 16 Jahre später erhielt der Gartendirektor den königlichen Auftrag, auch außerhalb des Schlossparks tätig zu werden und die landwirtschaftlich genutzten Bereiche der Insel Potsdam umfassend zu verschönern. Ausgehend von den natürlichen Erhebungen und Senken, der Lage der Wasserläufe und menschlichen Siedlungen gliederte Lenné die Landschaft neu. „Wie der Bildhauer aus seinem Marmorblock lebendige Gestalten hervorruft, so bringt der Landschaftsgärtner Leben und Bewegung in Bäume und Gesträuche durch den Wechsel der Formen, in ihrer Zusammenstellung zu Licht- und Dunkel-Gruppen, zu Massen, Hainen und Waldstücken; in ihren Umrissen auf den Ebenen und gegen den Horizont; in ihren Anreihungen, Abstufungen und Kontrasten. Gleich dem Maler arbeitet er mit Farben und Lichtern. Aber es sind die ewig wechselnden Farben und Lichter, welche das wandelnde Jahr und die immer fortschreitenden Jahreszeiten über seine Gestalten und Umrisse mit immer neuen Reizen verbreiten."

An diesem Sommertag wirbeln die Kühe Staubwolken von der trockengelben Weide auf. Die nach Lennés

Plänen gepflanzten Alleen rahmen sie ein, bieten Windschutz und den Jungtieren etwas Schatten. Das Nützliche und das Schöne sollten sich auf der Feldflur harmonisch zu einem arkadischen Landschaftbild verbinden. Die Viehwirtschaft und die arbeitenden Bauern auf den Feldern gehörten selbstverständlich dazu. Die Masse der Kühe auf der Weide, ihr Muhen und ihr Geruch strahlen eine archaische Lebenskraft aus. Im antikenverliebten Potsdam kommen einem die heiligen Herden in den Sinn, die dem griechischen Sonnengott Helios geweiht waren.

Ganz perfekt ist das Landschaftsbild nicht. Den gelben Backsteinturm im Hintergrund verunziert ein aufgesetzter Mobilfunkmast. Dabei gilt der sogenannte Persiusturm als Potsdamer Landmarke, weithin sichtbar wie das Belvedere auf dem Pfingstberg oder der Ruinenberg bei Sanssouci. Zu Füßen des Turms muss man sich ein italienisches Landhaus herbeiträumen, den Hofgärtnerhäusern ähnlich, wie wir sie aus dem Park Sanssouci kennen. Der Turm war Teil des Gutshofes, den Friedrich Wilhelm IV. 1844/45 in der von Lenné aufgeschmückten Bornimer Feldflur errichten ließ. Auch dabei stand die Idee im Vordergrund, das Zweckmäßige mit dem Schönen in Einklang zu bringen. Das Mustergut diente seit 1927 als agrarwirtschaftliche Forschungseinrichtung, nach dem Ende des Zweiten Weltkriegs wurde es von der Roten Armee besetzt und brannte ab. Ein volkseigenes Institut für Landtechnik nahm ab 1952 in neuen Gebäuden die Arbeit auf, nur der Persiusturm blieb stehen. Heute forscht hier das Leibniz-Institut für Agrartechnik nach umweltverträglichen und tiergerechten Verfahren in der Landwirtschaft, beschäftigt sich mit Lebensmittelsicherheit und schnell nachwachsenden Rohstoffen.

In den DDR-Jahren wurde die von Lenné angelegte Feldflur weitgehend zerstört. Ihre Kleinteiligkeit war der kollektivistischen und motorisierten Landwirtschaft im Wege. Die alten Baumalleen und Hecken wurden abgeräumt oder verwilderten. Zur Bundesgartenschau 2001 ging die Stadt Potsdam daran, Lennés Landschaftskunstwerk wiederherzustellen. Allein um den Persiusturm wurden 25 Gebäude abgerissen und der alte Gutsgarten mit Hunderten Obstbäumen neu angelegt. 19 Kilometer Wege zum Spazierengehen und Fahrradfahren wurden nach den alten Plänen in die Feldflur gebaut. 240 Bäume waren an der Lindenallee zu ersetzen, die vom Persiusturm in einem weit ausschwingenden Viertelkreis zum Karl-Foerster-Garten in Bornim führt und als eine der schönsten Schöpfungen Lennés gilt. Eine frisch gepflanzte Maulbeerallee zweigt davon ab. Einige zur Bundesgartenschau aufgestellte Informationstafeln erleichtern die Orientierung; am Birnenweg ist damals ein erhöhter Aussichtspunkt neu angelegt worden, der von der Stadtkante einen Panoramablick in die Feldflur ermöglicht. Nicht nur Spaziergängern vermittelt die durch Hecken und Alleen gegliederte Landschaft ein Gefühl von Geborgenheit. Zwei zarte Gestalten stehen regungslos mitten auf einem Acker, wir schauen genauer hin: Es sind zwei Weißstörche, so stattlich und seelenruhig, als wären sie gemalt.

Der Botanische Garten
Paradiesgarten und Pflanzenarche

Im ersten Augenblick nimmt einem das feuchtwarme Dschungelklima fast den Atem. Ermattet sinkt man in einen der Rattanstühle, die auf der kleinen, lauschigen Aussichtsplattform im Victoria-Gewächshaus des Botanischen Gartens bereitstehen, und lässt den Blick über die Wasserfläche mit den riesigen Seerosen schweifen. Die kreisrunden, fast eineinhalb Meter messenden, dunkelgrünen Blätter sehen mit ihrem hochgebogenen Rand wie gigantische schwimmende Dessertteller aus. Die feine Blattäderung erinnert an Jugendstilornamente. Ihre zarten, vielblättrigen Blüten öffnet die Riesenseerose *Victoria cruziana* nur für zwei Nächte im Jahr Ende Juni. Am ersten Abend schimmern sie elfenbeinweiß, beim zweiten Öffnen am nächsten Abend haben sie sich rosa gefärbt. Beheimatet ist die trotz ihrer Größe so fein und elegant wirkende Pflanze in Paraguay und Argentinien. So wie sie stammen alle Bewohner der zehn Gewächshäuser im Botanischen Garten aus fernen Regionen der Erde. Man kann Kakaofrüchten, Papayas, Vanilleschoten und Papyrusstauden beim Wachsen zusehen und über die Geschwindigkeit des Riesenbambus staunen, sich von zierlichen fleischfressenden Pflänzchen faszinieren lassen oder in der trockenheißen Luft des Sukkulentenhauses von Mexiko oder Afrika träumen. Im Wasserpflanzenhaus blicken uns träge zwei grüne Schildkröten entgegen: Es sind Findelkinder, von Besuchern hier ausgesetzt und heimisch geworden. Meist ist man mit den Exoten allein, abgesehen von Studenten der Universität Potsdam, die mit Wasserschlauch und Gartenschere für das Wohl ihrer Schützlinge und Studienobjekte sorgen.

Um die Gewächshäuser herum erstrecken sich die Freianlagen des Botanischen Gartens: ein Arboretum mit seltenen und vertrauten Baumarten, eine Nutzpflanzenabteilung, Beete mit geschützten und gefährdeten Pflanzen. Dieser Botanische Garten gaukelt uns bei aller faszinierenden Blütenpracht und Blättervielfalt keine Idylle vor, verspricht keine sorgenfreie Fantasiereise in exotische Pflanzenwelten. Er erzählt auch von der Bedrohung der Artenvielfalt, von biologischen Invasionen, von den Pflanzenenklaven der modernen Großstadt. Einige in Deutschland und Brandenburg stark bedrohte Arten fanden hier einen Rückzugsort, werden kultiviert und erhalten, um sie später wieder auswildern zu können. Gärtner und Biologen haben immer auch die Zukunft im Blick.

Die Keimzelle des 1950 gegründeten Botanischen Gartens im Park von Sanssouci, der westlich des Orangerieschlosses liegt, war ein „Paradiesgarten" mit südländischen Kulturpflanzen wie Artischocken, Mais und Kürbis, um 1845 von Hofgärtner Hermann Sello für Friedrich Wilhelm IV. angelegt. Von diesem nützlich-idyllischen Paradies ist allein das antikisierende Stibadium inmitten der Anpflanzungen noch erhalten. Ludwig Persius hatte das kleine Bauwerk für König Friedrich Wilhelm IV. als ein Zimmer im Freien geschaffen: ein schattiger, von hohen Mauern umgebener Ruheplatz mit einem Brunnen im Zentrum, mit steinernen Ruhebänken, romantischen Landschaftswandmalereien, Fußbodenmosaik und prächtigen Glasvasen als Blickfang. Hier plätschert eine von Blumenbeeten umkränzte Wassertreppe. Das Stibadium selbst ist unter Bauplanen verschwunden. Es sieht besseren Tagen entgegen, nachdem es lange Zeit dem Verfall preisgegeben war. Für die Botaniker der Uni Potsdam, die den Botanischen Garten unterhalten, war es vermutlich ein Nebenschauplatz.

An den Hängen um das Stibadium ziehen sich dichte Rhododendren in üppiger Blüte, karger und zugleich vielgestaltiger entfaltet sich die niedrige Flora des Alpinums. Auf schmalen, steilen Pfaden wandelnd muss man sich hinabbeugen, um die Pflänzchen aus dem fernen Sibirien, der Kaukasusregion oder Südeuropa zwischen Felsbrocken zu betrachten, die an die extremen Lebensbedingungen im Hochgebirge angepasst sind und sich hier wohl tatsächlich wie im Paradies fühlen.

Klug und behutsam wurde der Botanische Garten in jüngster Zeit modernisiert. Neben den streng rechteckigen Beeten der systematischen Abteilung mit ihren nach dem Linnéschen System aufgepflanzten Spezies sind frei schwingende Partien mit Gräservegetationen entstanden, die die unscheinbare Flora von Steppen, Prärien und Wiesenland vor Augen führen. Sogar die typische Flora der modernen Großstadtbrachen findet hier in Form von überwucherten Eisenbahngleisen und Schutthalden ihren Platz – nicht nur das Exotische ist der Aufmerksamkeit des Spaziergängers wert. In einem pollendichten Käfig gedeiht der übermannshohe, vielfach verzweigte, grüne Blutweiderich. In Nordamerika ist er bereits derart zur Plage geworden, dass die Botaniker dringenden Forschungsbedarf anmelden und ihn lieber in Quarantäne wuchern lassen. Wie biologische Invasoren im Gefolge reisender Menschen und Güterströme von Kontinent zu Kontinent wandern und harmlose Pflanzen auf fremdem Boden sich zur Gefahr für die florale Artenvielfalt auswachsen können, zeigen Beispiele wie die aus Nordamerika eingeschleppte Robinie, der wir auch auf Potsdamer Terrain allenthalben begegnen. Am Ausgang fordert ein Schuhabstreifgitter uns auf, die Sohlen von anhaftenden Samen zu reinigen. Was abgestreift wird, fällt in ein darunter liegendes Beet und darf sich zu freiem Wildwuchs entfalten: Anschauungsunterricht zur Migration der Pflanzen, die sich unbemerkt an unsere Fersen heften, während wir weitergehen.

Schloss Charlottenhof und Römische Bäder
Kleine Fluchten

Wenn wir uns eines der Potsdamer Schlösser aussuchen dürften, um darin zu wohnen, dann dieses: Charlottenhof. So wunderbar anmutig und perfekt proportioniert, so schlicht und dabei bis ins Detail schön, so klug und verträumt ist kein anderer Wohnsitz der Monarchen. Wie klein das „Schloss" ist, nur zehn Zimmer! Für uns allemal genug.

Wie ein helles Schiff treibt es auf den weiten Wiesen des englischen Landschaftsgartens, in die Lenné es eingebettet hat. Die klare Geometrie des Baukörpers würde einen Bauhaus-Architekten in Entzücken versetzen. Aber zugleich wirkt es mit seinen blauweiß gestreiften Fensterläden so frisch und heiter wie ein Picknick im Sommer. Dass die antikischen Palmetten auf dem Dach nur aus Zinkguss sind – was stört es uns? Auch Kronprinzen müssen manchmal haushalten.

Dass das Haus nicht vernünftig zu heizen und im Winter geschlossen ist – na und! Am schönsten ist es hier sowieso, wenn der Garten ums Haus grünt und blüht, die Trauben an den Ranken heranreifen, der Brunnen plätschert und die Bäume im Dichterhain vor dem Eingang in dichtem Laub stehen.

Friedrich Wilhelm IV. bekam das Anwesen als Kronprinz von seinem Vater 1825 zu Weihnachten geschenkt. Damals muss es ein unscheinbares Gutshaus aus dem 18. Jahrhundert gewesen sein. Es hatte bereits häufig die Besitzer gewechselt und war von sumpfigem Wiesen- und Ackerland umgeben. Doch gemeinsam mit seinem Architekten Karl Friedrich Schinkel, dem ausführenden „Bau-Conducteur" Ludwig Persius und dem Gärtner Peter Joseph Lenné gelang dem Prinzen eine erstaunliche Metamorphose. Aus dem vorgefundenen Ensemble wurde eine Art Idealentwurf, durchtränkt von Antikensehnsucht. „Siam" nannte der kunstliebende Kronprinz seinen Sommersitz, was wörtlich übersetzt „Land der Freien" heißt und bis 1939 der Name des heutigen Thailand war. Seine eigenhändigen Bauskizzen signierte der Kronprinz mit „Frederico Siamese – Architetto" oder „Fr. Siamhouse, Architekt".

Vier Gesichter hat das Haus: Eine abweisende Front mit nur wenigen Fenstern wendet es demjenigen zu, der sich über die schnurgerade Lindenallee vom südlichen Parkeingang nähert, dem kürzesten Weg vom Regionalbahnhof Charlottenhof. Dieser ökonomische Zugang mag den dienstbaren Geistern vorbehalten bleiben, die im Sockelgeschoss wohnen. Ernst, würdevoll und streng symmetrisch erhebt sich die Eingangsfassade gen Westen. Ein antikischer Giebel bekrönt die Portalfront. Erst ein paar Schritte weiter, auf der dem Park zugewandten Seite, entfaltet das Anwesen seine verschwenderischen Reize. Üppig und formenreich öffnet es sich zur Landschaft. Vor der erhöhten Rasenterrasse schwingt ein großes Wasserbecken halbkreisförmig aus, umkränzt von Blumenrabatten. Jetzt begreift man, dass dieses Schloss nicht an den Mauern des Hauses endet, sondern sich erst im Zusammenspiel von Außen und Innen, von Garten, Portikus, Terrasse, Loggia und Brunnenbecken zu einem Ganzen rundet. Das gärtnerische Umfeld des klarlinigen Baus ist so fein auf die Architektur bezogen und selbst architektonisch durchgestaltet, dass eines ohne das andere nicht existieren kann. Der Rosengarten nimmt die Proportion des Bauensembles auf und legt ein blütenreiches, duftiges Ornament bis an den Teich, aus dem sich die Brunnen speisen. Hier blühen Hochstämmchen der verschiedensten Sorten, die teilweise mehr als 500 Jahre alt sind.

Im Inneren des Hauses wirkt alles, als sei der Kronprinz gerade erst fortgegangen; die Möbel stehen so, wie Karl Friedrich Schinkel sie einst entwarf. Und doch liegt kein musealer Muff, nichts Altmodisches über den Räumen. Das Zeltzimmer, von oben bis unten blauweiß gestreift, samt den beiden schmalen Ruhebetten und Klappstühlen – fast muss man lachen, wenn man es betritt. Am liebsten würden wir gleich die Nacht hier verbringen. Oder nehmen wir doch lieber das kuschelige Bett im grün bespannten Schlafzimmer? Hier rundet sich die halbkreisförmige Fensternische so reizend dem Park entgegen. Wer morgens die Läden aufschlägt, kann in drei Himmelsrichtungen schauen. Am Fußende halten goldene Adler Wacht, über dem Kopfende schwebt

Christus persönlich in einer großen Sepiazeichnung nach Raffael. Der kunstsinnige Hausherr hat dafür gesorgt, dass wir allenthalben seinen Lieblingskünstlern begegnen. Ein ganzes Kabinett ist bis an die Decke mit Grafiken gepflastert. Im Kronprinzessinnenzimmer – in Rosa und Silber gehalten – stehen zierliche Flakons, Notizbuch, Fußbank und Schreibgarnitur aus Silber und Perlmutt bereit. Oben an den Wänden tanzen leichtfüßige Nymphen auf antikischen Bildern vorüber. Ihnen begegnen wir in den Wandmalereien des offenen, blau getönten Portikus wieder, der sich nach Osten auf die Rasenterrasse öffnet: Ja, hier könnten wir frühstücken. Und abends, wenn es kühl wird, rücken wir den Tisch einfach in den großen, weißgoldenen Speisesaal dahinter, der so nobel wirkt, dass einem ganz königlich zu Mute wird. Das ganze Haus ist nach dem Stand der Sonne ausgerichtet. Abends, bevor die Sonne versinkt, fallen ihre Strahlen von Westen durch die farbigen Fenster über der Eingangstür. Große goldene Sterne vor blauem Grund leuchten darin auf und kündigen die Nacht an. Wenn wir nun die großen Flügeltüren im Herzen des Hauses öffnen, kann man vom Vestibül aus durch den Speisesaal über die Säulenterrasse bis hinüber zur halbrunden Sitzbank am anderen Ende der Gartenterrasse schauen. Dann klappen wir die Fensterläden zu, machen die Leinen los und träumen uns weit, weit fort. Bis in die Renaissance, als Palladio und Zeitgenossen ähnlich perfekte Villen entwarfen und weiter zurück, bis in die Antike. Denn dort liegt der Ursprung aller Villenträume, die bis heute Bauherren und Architekten beflügeln.

Plinius der Jüngere schildert in seinen Briefen so anschaulich, wie seine Villen Laurentinum und Tuscum beschaffen waren, dass der Leser glaubt, an einer Hausführung teilzunehmen. Da sind die Laubengänge und Turmzimmer, die Sommerspeisesäle und schattigen Ruheräume, die Ausblicke auf die Landschaft und die sorgfältig ausgeklügelte Lage der Räume zum Stand der Sonne. Kein Wunder, dass zahlreiche Baumeister seit der Renaissance – und auch Karl Friedrich Schinkel – versuchten, die Villen des Plinius zu rekonstruieren. Vergeblich, oder jedenfalls mit ganz unterschiedlichen Resultaten. Denn der antike Autor schildert zwar eine Fülle von Details, aber nicht den Gesamtplan des großen Ganzen. Es darf also weitergeträumt werden.

Eines jedoch fehlte in Charlottenhof, was zu einer antiken Villa Suburbana oder Villa Rustica auf jeden Fall gehört, und das waren die Badeanlagen, unverzichtbarer Bestandteil römischer Lebenskultur. Mit den Römischen Bädern, unweit von Schloss Charlottenhof, schuf der Kronprinz ein eigenes Kleinod. Eigentlich war das malerisch von Wein berankte Anwesen zunächst nur als Gärtnerhaus gedacht. Hübsch asymmetrisch fügen sich die kubischen Baukörper mit Turm, Laubengängen und flach abfallenden Dächern zu einem romantischen Blickpunkt jenseits des Maschinenteiches. Ludwig Persius hat diesen Bautyp später noch öfter in seinen Villen und Gärtnerhäusern für Sanssouci abgewandelt. An dieser Stelle jedoch wuchs sich das Ensemble zu einem wahren Schatzkästchen der Antikensehnsucht aus. Wer den Obolus am Eingang entrichtet, darf sich für eine halbe Stunde oder länger als Hausherr oder Hausdame in einem zauberhaften, stillen Winkel fühlen. Die üppigen Beete quellen über vor bunt gemischten Blumen und Gemüse. Kürbisse, Mais, Kapuzinerkresse, Rizinus, das Idealbild eines südländischen Garten Eden – in Miniaturform domestiziert. Auf der erhöhten Terrasse am See lädt ein griechischer Tempel mit kobaltblau ausgeschlagenem Innenraum zum Teetrinken ein, der mit Porträtbüsten bestückte Erinnerungsgarten ruft melancholisch-ernste Stimmungen wach. In einem der Zimmer hinter der weinberankten Loggia war der durch die Welt gereiste Naturforscher Alexander von Humboldt manchmal beim Kronprinzen zu Gast, der auch sich selbst ein nobel eingerichtetes Gemach vorbehielt. Und wenn ihn die Lust zu baden überkam, mussten die Gärtnergehilfen das Wasser anheizen und über Rohrleitungen hinüber in den Badekomplex leiten.

Hier wähnt man sich endgültig aus Zeit und Raum entrückt: Der Vorraum empfängt uns in Pompejanisch-Rot mit südländischen Ideallandschaften an den Wänden. In Mosaiken, Wandmalereien und Bronzestatuetten umgibt uns die Kunstwelt der Antike in ihren berühmtesten Beispielen wie dem Dornauszieher oder der Alexanderschlacht. Gar nicht antikisch, dafür umso romantischer umarmt sich unter der blauen Nische am Ende der Raumflucht ein marmornes Liebespaar. Über dem großen Wasserbecken, dem Impluvium, öffnet sich der freie Himmel, wie in einem echten antiken Atrium fällt das Regenwasser ins Haus. Und plötzlich begreift man, wie fragil und gefährdet dieses der Witterung ausgesetzte Gesamtkunstwerk mit seinen Wandbildern, Möbeln und Mosaiken ist. Auf der Liste der restaurierungsbedürftigen Bauten von Sanssouci rangieren die Römischen Bäder mit an oberster Stelle.

Skulpturendepot auf dem Schirrhof
Das Schweigen der Götter

Hier sind die Götter und Nymphen unter sich. Der Götterbote Merkur zupft in Ruhe seine Sandale zurecht, Diana rüstet sich zur Jagd, eine Gruppe weiblicher Aktfiguren steht wie zum Plaudern beisammen. Zwar fehlt dem antiken Apoll ein Arm, doch seine gelassene Miene trübt das nicht. Der deutsche Kaiser Friedrich III. reitet im Kostüm eines römischen Feldherrn vorüber. Putten tollen ausgelassen spielend über den Boden. Hauptsache, sie stoßen die kostbaren Marmorvasen nicht um!

Wie in einem Märchen stehen alle reglos und still, sobald wir die große Halle des Skulpturendepots auf dem Schirrhof von Sanssouci betreten. Aber zuckt da nicht ein Lächeln in den Mundwinkeln Merkurs? Wer weiß, was die Götterwelt treibt, wenn wir wieder weg sind und die Denkmalpfleger Feierabend haben ...

Hunderte von Skulpturen aus den Schlössern und Parks haben hier am Rande des Parkreviers von Sanssouci ein Obdach auf Zeit gefunden. Frisch restauriert reihen sich in der nüchternen Skulpturenhalle zwölf überlebensgroße Monatspersonifikationen aus der Mitte des 19. Jahrhunderts. Sie werden schon bald ihre angestammten Plätze in den Nischen des großen Orangerieschlosses einnehmen. Ums Handgelenk tragen sie Beschriftungszettel, auf denen ihre Namen stehen: Der Januar posiert als junger Mann mit Schlittschuhen, die Rolle des Februar übernimmt eine junge Frau mit Maske in der Hand, dem Zeichen der winterlichen Theatersaison. Schon hebt sie anmutig den Fuß, um ein Tänzchen zu wagen.

Der gipsweiße Abguss des Merkurs von Jean-Baptiste Pigalle dagegen wird nie draußen unter freiem Himmel stehen: Gips ist nicht witterungsbeständig. Doch die Denkmalpflegerin Saskia Hüneke betrachtet ihn liebevoll und voller Stolz. Er gleicht bis aufs Haar dem Original des französischen Meisterwerks von 1748, das im Berliner Bode-Museum steht und einst als Geschenk Ludwigs XV. an Friedrich II. nach Potsdam gelangte. Schon im 19. Jahrhundert wurde die Marmorplastik vom Skulpturenrondell an der großen Fontäne von Sanssouci in Sicherheit gebracht und im Park durch eine Kopie ersetzt. Diese ist längst schon wieder von der Witterung angegriffen. Doch unlängst durften die Restauratoren der Schlösserstiftung vom marmornen Original-Merkur einen frischen Gipsabguss abnehmen, nach allen Regeln der Handwerkskunst. Jede Meißelspur des Originals, die samtzarte Hautoberfläche, die fein modellierten Details sind darin zu erkennen. Nun können die Bildhauer der Schlösserstiftung darangehen, nach dem Gipsabguss eine möglichst identische Marmorkopie „in Lebensgröße" anzufertigen. Langwierig ist das, Punkt für Punkt werden die dreidimensionalen Formen in einem speziellen Messverfahren auf den Marmorblock übertragen und mit Hammer und Meißel herausgearbeitet. Nicht nur Sorgfalt, auch künstlerischer Sinn ist dafür nötig, damit das Werk nicht wie eine blutleere Kopie, sondern wirklich als ein echtes Kunstwerk wirkt. „Es soll ja wieder Jahrhunderte im Park überdauern", sagt Saskia Hüneke, die seit mehr als 25 Jahren in der Stiftung arbeitet.

An einer synthetischen Kopie aus Kunststoff erläutert sie, warum computergestützte Verfahren bis heute nicht wirklich in der Lage sind, die handwerkliche Kunst der Bildhauer zu ersetzen. Andernorts greifen Restauratoren aus Zeit- und Geldmangel bisweilen auf Abgüsse und Steinimitate zurück. Doch das arbeits- und kostenaufwendige Modell der Potsdamer bewährt sich und beginnt, auch international Schule zu machen, schließlich sollen die Kopien die Originale würdig vertreten. Auch die Kopien sind so kostbar, dass sie im Winter in den Parks in grauen Bretterverschlägen „eingehaust" werden. Diese unförmig-abstrakten Kisten geben den Potsdamer Parkanlagen in der kalten Jahreszeit immer ein leicht surreales Aussehen.

Die vielen Skulpturen in den Gärten und an den Außenfassaden der Schlösser sind weit mehr als bloße Zierde. Sie vermitteln Sinn und Symbolik, erzählen von mythologischer und übergeordneter Bedeutung, von philosophischen und kosmischen Bezügen. Daher ist es so wichtig, sie zu bewahren.

Seit 1975 befindet sich das Skulpturendepot an seinem heutigen Platz. Künftig einmal soll ein öffentlich zugängliches Schaudepot eingerichtet werden, erzählt Saskia Hüneke. Sie möchte die Werke nach ihrer Herkunft aus den einzelnen Schlossrevieren geordnet ausstellen – eine kleine Geschichte der Bildhauerei vom 17. Jahrhundert bis um 1900. Derzeit bilden die Objekte ein faszinierendes Sammelsurium. Die unterschiedlichsten Bildhauermaterialien und -techniken lassen sich daran studieren und ihre „Schadensbilder", wie der Fachmann sagt. Nicht nur der klassische Bronzeguss und die Marmorskulptur sind vertreten, auch seltenere Techniken, wie der zu Schinkels Zeit beliebte Zinkguss, der sich als wenig witterungsbeständig erwiesen hat. Oder die schon in der Antike gebräuchliche Terrakottaplastik, der Bleiguss, die Galvanoplastik, der Gipsabguss. Einige klobige Gussformen, die für Gipsabgüsse angefertigt wurden, lagern in den vollen Regalen neben abgeschlagenen Händen, Füßen, geborgenen Einzelköpfen, Gliedmaßen, Vasen, Fund- und Bruchstücken aller Art, teils noch mit Moos besetzt. „Fundstück Heiliger See" entziffern wir auf dem Beschriftungszettel an einem völlig mit Muscheln überkrusteten Fragment.

Ein gigantisches Holzgefährt steht wie ein Dinosaurier der Transporttechnik in der Halle. Es ist ein Wagen aus dem 18. Jahrhundert zum Transport von Steinblöcken, einer der letzten erhaltenen seiner Art überhaupt. Die riesigen Marmorblöcke aus den Steinbrüchen Italiens oder auch aus Schlesien wurden per Schiff nach Potsdam transportiert und dort bearbeitet, die berühmten Bacchantenfiguren von Friedrich Christian Glume sogar an ihrem künftigen Standort, der Fassade von Schloss Sanssouci.

Draußen in der frischen Luft haben die acht Bildhauer der Stiftung ihre Arbeitsplätze, überdacht, aber luftig und offen. Auf drehbaren Sockeln ruhen die halbfertig bearbeiteten Werkstücke. Auf dem weitläufigen Freigelände lagern schmiedeeiserne Metallgitter, Marmorsäulen als Ganzes oder in Stücken, Kapitele, Steinplatten. Der kolossale Meeresgott von der Neptungrotte, die östlich der Bildergalerie im Park Sanssouci steht, wird wohl noch eine Weile darauf warten müssen, an seinen Ort zurückzukehren. Seit mehr als zehn Jahren liegt die schon längst geplante Restaurierung des kostbaren, innen mit Muschelwerk ausgekleideten Bauwerks brach. Das Geld fehlt, ein Sponsor wird noch gesucht. Also bleibt Neptun, wo er ist – deponiert.

Besser sieht es für die zahlreichen plastischen Bruchstücke vom Potsdamer Stadtschloss aus. Auch sie lagern unter freiem Himmel auf dem Gelände. Die Jahrzehnte seit dem Abriss des kriegsbeschädigten Stadtschlosses in den DDR-Jahren überdauerten sie in einem Waldstück, bevor sie vor einem Jahrzehnt geborgen und hierher gebracht wurden: ein Puzzlespiel für Restauratoren. Von den zahlreichen bauplastischen Elementen und Figuren haben sich Bruchstücke erhalten. Wenn künftig der barocke Bau, durch eine Großspende finanziert, in seinen historischen Außenfassaden wiederaufersteht, sollen die Originalteile so weit irgend möglich wieder an ihren Ort zurückkehren. Das Fehlende zu ergänzen, wird eine Herausforderung für die Bildhauer sein. Wenn man auf Augenhöhe mit den Skulpturen steht, staunt man, wie detailliert sie ausgearbeitet sind – obwohl sie doch hoch oben an der Fassade angebracht nur aus der Ferne zu sehen waren. Überraschend gut erhalten wirkt die antikisierende Götterversammlung auf einem Tympanonrelief von der Marktseite des Schlosses, die jetzt noch auf provisorischem Betonsockel ruht. Die lebensgroße Venus im Zentrum stützt sich entspannt auf eine Säule, die Beständigkeit und Dauer symbolisiert. Sie kann zuversichtlich in die Zukunft schauen. Irgendwann in einigen Jahren wird sie wieder von oben auf die Potsdamer und deren Gäste herabblicken.

Friedenskirche und Marlygarten
Italien suchen, Frieden finden

Viele Wege führen zur Friedenskirche. Doch zum Glück lenken nur wenige Besucher von Sanssouci ihre Schritte hierher – und werden mit einer zauberhaften Atmosphäre belohnt. Religiöse Einkehr und ästhetische Perfektion, hier kann man beides finden. Ein klug erdachtes Gefüge aus ineinander verschachtelten Architektur- und Gartenräumen schirmt das friedliche Ensemble von der Außenwelt ab.

Vom Obeliskenportal des Parks Sanssouci – dem verfallenen Winzerberg gegenüber – zweigt links, gleich wenn man das Tor durchschritten hat, ein Weg ab und führt über Treppenstufen zu einer erhöht gelegenen, halbrunden Sitzbank aus kühlem Stein. Sie wird vom hohen Laubdach mächtiger Pappeln beschattet. Wie eine ideale Vedute liegt die Friedenskirche hier vor uns und bespiegelt sich im Wasser des Teiches, dessen Wellen die Apsis und das Langhaus der schlichten, goldockerfarbenen Basilika umspülen. Von den offenen Arkadenfenstern des filigranen Campanile klingt halbstündlich Glockengeläut herüber.

Nirgends in Italien wird man solch einen Anblick finden, und doch versetzt uns das Ensemble unmittelbar in südliche Gefilde. Bauherr Friedrich Wilhelm IV. schwärmte für die italienische Baukunst des Mittelalters und er war, anders als sein von ihm zutiefst verehrter freigeistiger Ahnherr Friedrich der Große, ein religiöser Mensch. Dass es in Sanssouci keine Kirche gab, wollte er schon als Kronprinz ändern. Anfangs dachte er an einen Bau in der Nähe seines Schlösschens Charlottenhof, wählte dann aber den jetzigen Standort und verlieh dem Gotteshaus religiöses Leben, indem er es zur Pfarrkirche der Vorstadtgemeinde machte. Bis heute finden hier sonntags Gottesdienste statt.

Wir wandeln vom Aussichtsplatz am Ufer entlang weiter und durchschreiten einen grün belaubten Buchenheckentunnel, der uns selbst an heißen Sommertagen mit zauberisch-meditativer Dämmerstimmung umfängt. Dann biegt der Pfad nach links und führt zu einem schmalen Tordurchgang, der einst dem König und seiner Frau vorbehalten war. Ikonenhaft streng und zugleich mild blickt von oben das Antlitz Christi herab. Ein Schritt durch den Torbogen und wir sind im umfriedeten Bezirk der Kirche. Zur Linken streckt sich uns die lange Säulenloggia am Seeufer entgegen und leitet uns Schritt für Schritt näher zur Kirche hin.

Wie Wegmarken sind in die Wand der Loggia kleine Reliefs eingefügt: Da nippen schlanke Pfauen am Brunnen des ewigen Lebens, ein bärtiger Apostel grüßt mit erhobener Hand, Weinrankenornamente verweisen auf das Wunder der Eucharistie. Diese steinernen Bilder sind weit älter als das Bauwerk, in dem wir stehen: originale Fundstücke aus Italien, die Friedrich Wilhelm IV. ankaufen ließ.

Bevor wir durch die offene Vorhalle ins Kirchenschiff treten, nimmt uns ein vorgelagertes Atrium auf, ein allseits umschlossener Raum unter freiem Himmel. Im Zentrum steht überlebensgroß ein segnender Christus mit mächtig ausgebreiteten Armen und wendet sich nach Westen – wo sich der Blick auf den weit ausschwingenden Marlygarten öffnet. Flankiert wird der Durchgang zum Park von zwei niedrigen Büschen Mönchspfeffer, einem Gewächs, dessen Wirkung im Mittelalter Klosterbrüdern half, ihr Keuschheitsgelübde einzuhalten. So ist hier selbst die Pflanzenwelt von religiösen Bezügen durchdrungen. Im angrenzenden Kreuzgang, der nie als Klosterhof diente, sondern bloße religiöse Reminiszenz ist, grünen Stechpalmen als Verweis auf die Dornenkrönung und Passion Christi. Die eingravierten, griechischen Buchstaben am Brunnenrand zu Füßen der Christusfigur fordern uns in Form eines Palindroms vorwärts- und rückwärts gelesen auf: Reinige dich von den Sünden – und nicht nur dein Antlitz.

„Es scheint mir passend, eine Kirche, welche zu einem Palastbezirk gehört, der den Namen Sanssouci, ‚ohne Sorge‘, trägt, dem ewigen Friedefürsten zu weihen und so das weltlich negative ‚Ohne Sorge‘ dem geistlich positiven ‚Frieden‘ entgegen – oder vielmehr gegenüber zu stellen." So formulierte Friedrich Wilhelm IV. 1845 kurz vor der Grundsteinlegung die Idee seines Bauvorhabens.

Das Allerheiligste seiner neu gegründeten Kirche schmückte der Monarch mit einem Kunstimport: Den klaren Innenraum der Basilika beherrscht ein goldschimmerndes Apsismosaik mit der majestätisch thronenden Gestalt Christi, flankiert von Heiligen und den Erzengeln Michael und Raffael. Sie stammen von der venezianischen Insel Murano. Das im frühen 13. Jahrhundert entstandene Mosaik war bereits über 600 Jahre alt, als der Kronprinz es 1834 aus der zum Abbruch freigegebenen Kirche San Cipriano ersteigerte und nach Preußen abtransportieren ließ. Die Proportionen der Friedenskirche sind an den Maßen dieses weitgehend original erhaltenen Kunstwerks ausgerichtet. Anders als in mittelalterlichen Kirchen jedoch verkünden deutschsprachige Bibelzitate in goldenen Lettern die christliche Heilsbotschaft. Sie sind nicht die einzigen Zitate in diesem Bauwerk. Der Kirchenraum als Ganzes mit seinem farbig eingelegten Marmorfußboden, dem sternenübersäten, offenen Holzdachstuhl zitiert in seiner Form altchristliche Bautraditionen. Die marmornen Lesepulte sind denen in der römischen Kirche San Lorenzo fuori le Mura nachgebildet. Selbst der nach italienischer Tradition frei neben der Kirche platzierte Glockenturm steht ganz ähnlich noch einmal in Rom, bei Santa Maria in Cosmedin. Wobei die Konstruktion in Potsdam ganz modern in Gusseisen ausgeführt wurde.

In der Gruft unterhalb des Altars hat der Bauherr mit seiner Gattin seine Ruhestätte gefunden. Ein schneeweißer Marmorengel wacht an ihren schlichten

Sarkophagen bis zum Jüngsten Tag, die Posaune griffbereit auf dem Schoß. Durch das Fenster der Gruft fällt der Blick auf den Spiegel des Sees, der unvermutet an den Fluss der Toten denken lässt. Noch ein anderes Monarchenpaar hat sich das Areal der Friedenskirche als Grabstätte auserwählt: Der kunstsinnige und liberale Kaiser Friedrich III., der nur 100 Tage regierte, und seine Frau Victoria ruhen in einem der Grabkirche von Innichen in Tirol nachempfundenen Mausoleum, das an das Atrium grenzt. Durch einen Torbogen treten wir von hier hinaus in den Park und lassen die Gedanken an den Tod hinter uns.

Auf den ersten Blick wenig spektakulär breitet der von Peter Joseph Lenné angelegte Marlygarten seine Reize in vollkommener Ruhe und Harmonie aus. Er lag direkt vor Lennés eigenem Wohnsitz, denn seit den Zeiten Friedrichs des Großen hatten die Hofgärtner in zwei Häusern am Fuße der Weinbergterrassen von Schloss Sanssouci ihren Sitz. Bis heute residiert dort die Gartendirektion. Der Marlygarten ist ein intimer, anmutiger Garten von überschaubaren Dimensionen – Vorbild für zahlreiche private Villengärten des 19. Jahrhunderts. Eine einzige Blumenrabatte, in Form einer Blüte angelegt, setzt einen Farbakzent und huldigt der Göttin Flora, die als kleine Statue inmitten der Blütenpracht steht. Vor dunkelgrünem Buschwerk blitzt eine blauweiß gestreifte Glassäule auf, 1849 aufgestellt, verweist sie auf die bayrische Herkunft von Königin Elisabeth Ludovika, der Ehefrau von Friedrich Wilhelm IV. Hinter den anmutig vor und zurückweichenden Baumkulissen verbirgt sich ein kleiner idyllischer Teich mit Wasserlauf. Berühmt wurde der Garten vor allem für sein sanft modelliertes Bodenrelief, das man kaum bewusst wahrnimmt und das dem Ganzen doch erst seine tiefe Harmonie verleiht.

Nichts mehr erinnert daran, dass dieser Garten einmal die Keimzelle der Parkgefilde von Sanssouci war. Hier, vor den Toren Potsdams, ließ der sparsame König Friedrich Wilhelm I. 1715 seinen Küchengarten anlegen, wo er sonntags zwischen Obstbäumen und Kohlköpfen auch gerne Schießübungen machte. Die Schießwand mit Kugelfangbecken ist, zum Brunnen umgewandelt und mit religiösen Reliefs kombiniert, noch im Kreuzgang der Friedenskirche zu besichtigen. Dass der alles Französische hassende König diesen bescheidenen Garten „Mein Marly" nannte, war mehr ein Witz – in Anspielung an „Marly-le-Roi" bei Paris, wo Ludwig XIV. sich einige Jahrzehnte zuvor ein prächtiges Sommerschloss mit ausgedehnten, barocken Parkanlagen hatte errichten lassen. Im Potsdamer Marlygarten hat Friedrich der Große als Kind gespielt – und sich später nebenan auf dem „Wüsten Berg" sein Weinbergschloss gebaut.

Hinterhöfe im Holländischen Viertel
Der Garten der Hugenotten

An den Wänden des ehemaligen Wohnzimmers im ersten Stock hängen bunte Damenhüte und Zettel: „Keine Reklamation. Kein Umtausch." Touristinnen wühlen in Kleiderständern voller Jacken und Blusen. Das Parterre des Holländerhauses ist mit Kunstblumen, Nippes und Antiquitäten vollgestopft, hinten im Hof warten Blumentöpfe auf Käufer. Die Mittelstraße 3 im pittoresken Holländischen Viertel ist eine Touristenfalle mit Geschichte. In der Kaiserzeit betrieb hier ein gewisser Berthold Remlinger eine Spezialhandlung für „Sporen, Säbel und Militäreffekten". In dem Laden tauchte im Oktober 1906 ein magerer älterer Herr auf. Der arbeitslose und mehrfach vorbestrafte Schuster Wilhelm Voigt kaufte eine gebrauchte Hauptmannsuniform des 1. Garderegiments zu Fuß. Ein paar Tage später las der Besitzer des Ladens in der Zeitung von einem Raubüberfall auf das Rathaus der Berliner Vorortgemeinde Köpenick. Der flüchtige Täter hatte in Hauptmannsuniform zehn Soldaten von der Straße weg kommandiert, das Rathaus besetzt und sich die Stadtkasse aushändigen lassen.

Wie Gardesoldaten in schmucken roten Uniformen stehen die Backsteinhäuser des Holländischen Viertels stramm aufgereiht in vier rechtwinkligen Karrees. Das entsprach so dem Geschmack des Soldatenkönigs Friedrich Wilhelm I., der Potsdam 1713 zur Garnisonsstadt machte. Über tausend Häuser wurden in seiner Regierungszeit errichtet, ihm verdankt das heutige Potsdam seine historische Altstadt zwischen Brandenburger Tor und Bassinplatz, zwischen Stadtkanal und Nauener Tor. Neben den „Langen Kerls" und der Jagd liebte der König besonders die bürgerliche Geschäftigkeit holländischer Städte. In der Parforceheide, einem Jagdgebiet nahe Potsdam, ließ er sich 1730 bis 1732 als einzigen Luxus ein bescheidenes Backsteinhaus mit holländischem Giebel erbauen: Jagdschloss Stern. Wenig später begann der Bau von 134 stilechten Holländerhäusern am damaligen Stadtrand, für den eigens Handwerker aus den Niederlanden angeworben wurden.

Nach dem federführenden Baumeister Jan Bouman ist heute das Haus in der Mittelstraße 8 benannt. Wie sorgfältig das Quartier geplant, wie mühsam es auf dem sumpfigen Areal errichtet und mit welcher Liebe zum Detail die ziegelroten Backsteinhäuser ausgeführt wurden, erfährt man in dem stillen Museumshaus. Ein nach der Wende gegründeter Verein zur Pflege niederländischer Kultur in Potsdam hat es bis 1997 so originalgetreu wie möglich wiederhergestellt. Die Einteilung der Zimmer aus der Erbauungszeit ist noch vorhanden, die alten Feuerstellen und Kamine wurden freigelegt, über steile Holztreppen steigen wir bis unter den Dachstuhl. Ein paar holländische Holzschuhe stehen im Hausflur, der zu einem winzigen, mit Feldsteinen gepflasterten Hof führt. Ein niedriges Fachwerkgebäude ist dort völlig neu aufgebaut worden. Dahinter liegt ein zweiter Hof mit einem winzigen Hausgarten. Ein kleines Rasenstück, ein paar Blumen, Efeu an den Mauern und eine Apfelquitte haben gerade darin Platz. Man kann sich auf eine schlichte Bank setzen und an Bilder niederländischer Genremaler vom häuslichen Glück im Winkel erinnert fühlen.

Als die DDR unterging, stand das Bouman-Haus wie die meisten im Viertel leer und befand sich in einem jämmerlichen Zustand. Die denkmalgerechte Sanierung kam anfangs nur schleppend in Gang, und ein paar Häuser an der verkehrsreichen Nordseite warten noch immer auf bessere Tage. Die Mittel- und Benkertstraße im Herzen des Viertels haben sich längst zu belebten Flaniermeilen mit Andenkenläden, Galerien, Boutiquen, Kneipen und Cafés entwickelt. Ein wenig puppenstubenhaft ist alles geworden, trotzdem gehen wir immer noch gern ins Holländische Viertel, um einen Kaffee zu trinken oder eine Kleinigkeit zu essen. Besonders geborgen fühlt man sich in den schattigen Hinterhöfen, in die einige Lokale Tische gestellt haben: die „Maison Charlotte", das „Massimo" oder die „Hohle Birne", alle in der Mittelstraße, oder auch das kürzlich eröffnete Literaturcafé „NachLESEN" in der Hebbelstraße 53.

Hinter der Stiftsbuchhandlung um die Ecke, Gutenbergstraße 72, ist ein weiterer sehenswerter Hof zugänglich, ein ziegelroter Fabrikkomplex, in den die Urania mitsamt Planetarium und einer Gedenkstätte für den Potsdamer Astronomen Bruno H. Bürgel eingezogen ist. An der Nummer 76 hängt noch immer ein Firmenschild von Schuke, dem berühmten Potsdamer Orgelbauunternehmen. Erst 2004 ist die Potsdamer Traditionsfirma aus dem Holländischen Viertel ins nahe Werder an der Havel umgezogen. Die Nachbarin Hildegard Rugenstein vermisst die Klänge vom Stimmen der Orgelpfeifen. Sie ist Pastorin der Französisch-Reformierten Gemeinde und hütet den größten Garten im Holländischen Viertel.

König Friedrich Wilhelm II. schenkte der Hugenottengemeinde 1791 die beiden Holländerhäuser in der Gutenbergstraße 77/78, zu denen selbstverständlich auch ein Garten gehörte. Dort wurde Gemüse angebaut. Heute dient er als Treffpunkt für die Gemeinde. Gern wird im Garten zwanglos an gedeckten Tischen gefeiert. Aber auch Potsdam-Besucher können dort eine Verschnaufpause einlegen, wenn der gut sortierte Eine-Welt-Laden im Gemeindehaus geöffnet ist. Dann steht meist auch die Tür zum Gemeindegarten einladend offen.

Inmitten der schick herausgeputzten, kommerzialisierten Innenstadt soll er ein Ort der Besinnung bleiben, so wünscht es sich Hildegard Rugenstein. „Wir in Potsdam sind ein Völkergemisch", sagt die Pastorin, „und wir verwurzeln uns, wenn wir mit unsern Nachbarn pflanzen, ernten und feiern." Schon lange hegt die Gemeinde Pläne, den Garten noch stärker zu einem

Ort der Erinnerung an die Einwanderungsgeschichte zu machen. Von französischen Gärtnern eingeführte und von hugenottischen Botanikern benannte Sorten sollen gepflanzt werden: Ranunkeln, Usambaraveilchen, Kirschlorbeer oder die Kirschsorte „Kassins Frühe". Derzeit wachsen an der Gartenmauer von Gemeindemitgliedern gespendete Stauden und Unkraut noch wild durcheinander. Die Pastorin erklärt uns die symbolische Bedeutung der vorhandenen Bäume: Ein Walnussbaum war zu Zeiten des Soldatenkönigs obligatorisch, weil sich daraus haltbare Gewehrschäfte schnitzen ließen. Die Libanonzeder verweist auf den Tempel Salomons in Jerusalem. Und im Garten des Gemeindepfarrers durfte eine Priesterbirne – in Frankreich als „Poire de Prêtre" bekannt – nicht fehlen.

Willst du die Weisheit ehren, so steh bedachtsam still und sieh, was Gott dich lehren, wie er dich bilden will!

heißt es in Psalm 107. Spielt die Stille in der Glaubenspraxis der Hugenotten eine besondere Rolle? Für die Pastorin ist der Garten mit seinen Blumen und Früchten eher ein Ausdruck der Freude an Gottes Schöpfung, ein Gegenpol zur protestantischen Klarheit und Direktheit des Gottesdienstes. „Hugenottisch ist die Stille vor der Bilderwelt. Das können Sie sich in unserem Tempel ansehen." Der Tempel – das ist die alte Französische Kirche auf der anderen Seite des Bassinplatzes. Ein ovaler Rundbau, ein Pantheon im Miniformat, das der religionskritische Alte Fritz der Französischen Gemeinde 1753 geschenkt hat. Die helle, hohe, freundliche Kirche ist frei von Altar, Kruzifix und Bildern. „Optische Stille" nennt das die Pastorin. Um die freie Mitte stehen Stühle im Kreis. Die aufgeschlagene Bibel ist das spirituelle Zentrum, nichts soll vom Wort Gottes ablenken. An machen Tagen werden in der Kirche ökumenische Taizé-Andachten gefeiert. Dann kommen auch Katholiken, Lutheraner und andere evangelische Christen in die Kirche der Reformierten, um gemeinsam mit ihnen zu singen und zu schweigen.

Freundschaftsinsel und Karl-Foerster-Garten
Moderne Oasen

„Delphinium" steht auf dem Schildchen. Doch wir befinden uns nicht vor dem Delfinbecken im Zoo, sondern hüfthoch inmitten blühender Blumen auf der Freundschaftsinsel. Träge fließt das Wasser der Havel zu beiden Seiten des lang gestreckten Eilands in der Alten und Neuen Fahrt vorbei. Im Laufe der Jahrhunderte hat Schwemmsand die Insel geschaffen und geformt: Gleicht sie nicht – wenn wir sie auf dem Stadtplan betrachten – fast einem Fisch oder einem Delfin womöglich, der stromlinienförmig durch die Wellen gleitet?

Delphinium elatum: Blau in allen Schattierungen wogen die Blüten um uns. Aus der Nähe betrachtet, sehen die Knospen und Blüten tatsächlich wie winzig kleine Delfine aus. Der hierzulande gebräuchliche Name nimmt die nach hinten ragende Schwanzflosse der blauen Blume als angriffslustigen Stachel: Rittersporn. Den „blauen Schatz unserer Gärten" hat der Potsdamer Staudenzüchter Karl Foerster ihn genannt und wohl keiner Blütenstaude im Laufe seines langen Gärtnerlebens mehr Aufmerksamkeit geschenkt.

Bei unserem Juni-Besuch auf der Freundschaftsinsel erleben wir staunend den Ertrag seiner Züchterbemühungen, dicht an dicht stehen sie in allen Nuancen von Wasserhell bis Kobaltblau. Dass Foerster nicht nur die Flora liebte, sondern auch die Sprache, bezeugen die poetischen Namen, die er seinen Schöpfungen gab. Sternennacht, Merlin und Klingsor, Gletscherwasser, Morgentau und Frühschein. Witz blitzt auf: Fernzünder, Azurzwerg und Blondine. Und Klänge in Dur oder Moll: Zauberflöte, Jubelruf, Tempelgong, Kleine Nachtmusik, Abgesang. 30 Sorten hat man 2001 anlässlich der Bundesgartenschau in einer weltweiten Suchaktion aus Staudengärtnereien und Privatgärten hier auf der Freundschaftsinsel wieder zusammengetragen. Ebenso wie 50 Phloxarten, 20 Sonnenbräute, 30 Astern und unzählige Ziergräser, mit denen Foerster die Hobby- und Profigärtner beglückte.

Bevor der 1874 in Berlin geborene Sohn des berühmten Astronomen Wilhelm Foerster als Staudenzüchter auf den Plan trat, lautete die Parole in den Villengärten der Kaiserzeit „ex und hopp". Was abgeblüht war, wurde weggeworfen und durch neue Pflanzen ersetzt. Der humanistisch geprägte Foerster dagegen setzte auf eine andere Gartenphilosophie, die er später auch in zahlreichen Büchern publik machte. Seine Liebe galt widerstandsfähigen, winterharten Staudenpflanzen, die jedes Jahr aufs Neue blühen und uns – klug kombiniert – vom Frühjahr bis zum Herbst eine immer wieder sich wandelnde Blütenpracht bescheren. Das Blütenparadies auf der Freundschaftsinsel war Foersters Idee. Er wünschte sich 1937 einen Schau- und Sichtungsgarten, um neue Stauden zu erproben und vorzustellen, was gut zu den Plänen des Potsdamer Oberbürgermeisters passte, hier einen Erholungspark anzulegen. Schon zücken wir das Notizbuch, um die Namen unserer Lieblingssorten zu notieren: Das wäre doch etwas für den eigenen Garten! Vielleicht das Sonnenauge der Sorte „Goldgefieder" oder die „Schneeriesin", ein hochgewachsenes, weiß blühendes Ehrenpreis. Die Sonnenbraut „Septemberfuchs" würde uns bis in den Frühherbst mit Blüten erfreuen ...

Von den Schaubeeten der Foerster-Stauden schlendern wir unter hundertjährigen Winterlinden, Pappeln und Kastanien durch Themengärten mit Blattschmuckstauden, Schattenpflanzen, Prachtstauden, Heideflora und Bodendeckern. Alle sind wie in einem botanischen Garten mit lateinischen Beschriftungen versehen. Durchs Grün schimmern – benetzt vom Sprühregen der Wassersprenger – silbrig elegant zwei riesige, abstrakt sich emporschwingende Stahlblätter, ein Denkmal für Karl Foerster, graviert mit seinen Worten: „Wer Träume verwirklichen will, muss wacher sein und tiefer träumen als andere." Am Ufer der Alten Fahrt lockt eine üppig mit Clematis, Jasmin, Geißblatt und Kletterrose berankte Pergola. Ende der 1930er-Jahre hat der bedeutende Gartenarchitekt Hermann Mattern, mit dem Foerster zusammenarbeitete, sie angelegt. Zu DDR-Zeiten kam der lang gestreckte Wassergarten mit seinen herrlichen Taglilien- und Irisbeeten hinzu, der damals über 300 und heute immerhin an die 150 kostbare alte Sorten umfasst. Ein von Betonplattenwegen eintönig gegliederter Rosengarten führt uns eher die Schrecken der DDR-Gartenkultur vor Augen, aber er ist mit seinen Rosenzüchtungen „Kosmos", „Elbeglut" und „Charme" aus Dresden, Langensalza und Berlin bereits ein historisches Dokument, denn aus dem Handel sind sie fast schon verschwunden. Typisch für die DDR-Jahre sind auch die realistischen Bronzefiguren von Liebespaaren, Gärtnerjungen und nackten Mädchen auf der Freundschaftsinsel sowie kunsthandwerkliche Zierelemente wie die Pflanzschalen und die durchbrochene Terrakotta-Wand der Keramikerin Hedwig Bollhagen.

An dem 1973 zu den Weltfestspielen errichteten und zur Bundesgartenschau wiederhergestellten Ausstellungspavillon treffen wir den Inselgärtner Jörg Näthe. Er hat den jüngsten Teil der Anpflanzungen entworfen: den würzig duftenden Kräutergarten beim Inselcafé, und er erzählt, wie schwierig es ist, die mit viel Geld und öffentlichem Interesse zur Bundesgartenschau wiederhergestellte Pracht des Eilands jetzt dauerhaft zu erhalten. Über 100 000 Stauden wurden neu gepflanzt. Jetzt wollen sie gepflegt sein. Zum Glück hat sich ein Förderverein zusammengefunden. Die Freundschaftsinsel ist so etwas wie der Hausgarten der Potsdamer, ein volkstümlicher Park ohne königliche Vergangenheit, mit Kinderspielplatz und lauschigem Freiluftkino an der Spitze der Insel. Ungestört von Touristengruppen kann man hier den ganzen Tag verbringen, von einer weißen Parkbank zur anderen wandeln, einen Kaffee trinken, vielleicht ein Tretboot mieten und sich auf dem Fluss vorbeitreiben lassen.

Schon seit 1845 gab es an der Alten Fahrt ein Ausflugslokal. Eine alte Postkarte zeigt sonntäglich gekleidete Leute auf der Terrasse im „Restaurant Freundschaftsinsel". Es befand sich genau dort, wo heute die Cafeteria zum Sonntagsbrunch lädt: neben einer über 200 Jahre alten Schwarzpappel, deren knorriger Stumpf immer noch austreibt.

Auch der Karl-Foerster-Garten in Bornim ist eine Insel: eine Blüteninsel in der Lennéschen Feldflur, mittlerweile allerdings hart bedrängt von der ins Umland ausufernden Stadt Potsdam. Mit einem öffentlichen Bus kommt man von der Freundschaftsinsel direkt hierher. Wir nehmen lieber das Rad, machen noch einen Abstecher zur Karl-Foerster-Grundschule in der Kirschallee, der die Bundesgartenschau einen Schulgarten voller Stauden beschert hat, und werfen einen Blick auf die fünf Hektar große Modellkleingartenanlage in der Nähe. Schicke Designer-Lauben, familienfreundliche flexible Parzellen, wilde Öko-Biotope und öffentliche Streuobstwiesen sollen die alte Schrebergartenidee für eine jüngere Generation attraktiv machen. Ob's funktioniert? Gegärtnert wird immer, nur der Stil ändert sich.

Davon erzählt auch Karl Foersters eigenes Anwesen. 1910 zog er mit seiner Gärtnerei aus Berlin-Westend hierher und ließ sich ein Haus im Stil des Reformarchitekten Hermann Muthesius bauen. Heute wohnt Foersters Tochter hier. Er brauchte Flächen für die jahrelangen Beobachtungs- und Testphasen seiner Neuzüchtungen und legte rund um sein neues Haus einen dicht bestandenen Garten an. In der noch unbebauten Feldflur war reichlich Platz für die Anzucht der zum Verkauf bestimmten Pflanzen.

Unlängst hat die Firma „Foerster-Stauden" den Parkplatz vergrößert und neue Anzuchtflächen angelegt. Das

Unternehmen blüht. Der Foerster-Garten auch. Mehrfach umgestaltet ist er heute ein einzigartiges Blütenparadies, das sich im Laufe der Jahreszeiten wandelt – vielleicht der schönste Garten Potsdams. Eine Million Mark hat die Rekonstruktion des Gartendenkmals zur Bundesgartenschau gekostet. Auch jetzt sind hier ständig fleißige Gärtner an der Arbeit. Selbst die pflegeleichtesten, selbsttätig blühenden Staudenbeete machen Arbeit, wenn sie so perfekt und überbordend gedeihen sollen wie diese. Atemberaubend von Mai bis September ist der in den 1930er-Jahren von Hermann Mattern entworfene „Senkgarten" um das rechteckige Wasserbecken. Wie auf den Rängen eines Theaters staffeln sich die Blumen. Als wir letztes Mal im April hier waren, wetteiferten im sanften Nieselregen Tulpen aller Farbschattierungen um unsere Aufmerksamkeit. Gelbe und blaue Zwergiris blühten zart zwischen den Felsbrocken im Steingarten unter den hohen Nadelbaumen. Jetzt im Frühsommer ist die Zeit der blauen Ritterspornkönige, der feurigen Taglilien, der kleinblütigen Rosen. Im Herbst werden sich die gefiederten Blätter des knorrig gewachsenen Fächerahorns am Wasserbecken orangerot färben und die schönen, hohen Ziergräser zu ihrem Recht kommen, wenn alle Sommerblumen längst verblüht sind.

Der Eintritt in dieses Blumenparadies ist frei – und umso größer die Versuchung, im Foerster-Gartencenter daneben sein Geld für Blumen auszugeben. Als wir zurückradeln, ist der Fahrradkorb voll mit Neuzugängen fürs Gartenbeet und Bücherregal: jungen Staudenpflänzchen, einer Staudenfibel mit Pflegetipps und Karl Foersters programmatischem Buch „Es wird durchgeblüht".

Caputh
Pfeif auf die Welt!

Eine Freundin hat uns den Schlüssel zu ihrem Ferienhäuschen in Caputh geliehen. Die Gelegenheit kommt wie gerufen. Es sind Sommerferien, die Kinder wollen ihren Spaß haben, die Eltern ihre Potsdam-Erkundungen fortsetzen. Caputh liegt knapp hinter der Stadtgrenze im Süden Potsdams zwischen drei Seen, dem Schwielow- und Templiner See und dem versteckten, rundum von Wald und Röhricht geschützten Caputher See. Abseits der städtischen Geschäftigkeit und des Potsdamer Touristenrummels ist Caputh ein idealer Ausgangspunkt für Streifzüge durch die Umgebung. Von der Dampferanlegestelle am Caputher Schloss kann man über den Templiner See den Turm der Friedenskirche und das Belvedere auf dem Potsdamer Pfingstberg erkennen. Es gibt eine Bahnstrecke und eine schöne Uferstraße zum Hauptbahnhof. Auch Ausflugsziele wie die Baumblütenstadt Werder, die historische Ziegelbrennerei in Glindow, das Schlösschen Petzow oder das neue Museum der havelländischen Malerkolonie in Ferch liegen ganz nah. Caputh selbst lockt Ausflügler mit drei Sehenswürdigkeiten: dem noch nicht lange sanierten Barockschlösschen, dem Sommerhaus Albert Einsteins und dem kaum bekannten Altmann-Garten.

Seit man sich im Internet die ganze Erde aus der Satellitenperspektive heranzoomen kann, schauen wir uns Ferienquartiere und Ausflugsziele vorher gern im Luftbild an. Mitten im Ort, etwa dort wo sich das Ferienhäuschen und nicht weit davon der Altmann-Garten befinden sollen, war nur eine bräunliche Wüste zu erkennen. „Bis zur Sanddüne und dann links", hatte die Freundin am Telefon als Wegbeschreibung angegeben. Wirklich, ein riesiger, spärlich bewachsener Berg erwartet uns, drumherum lange Straßen mit Ferienhäusern auf großen Grundstücken. Als wir unseres bezogen haben, ziehen wir los und klettern auf die Düne. Von der Kuppe schaut man weit ins Land auf bewaldete Hügel und Seen. Dort oben auf dem Krähenberg versandet die Geschwister-Scholl-Straße. Wir finden die Nummer 33: ein Landhaus mit bröckelndem Putz aus der Kaiserzeit, das Gartentor steht offen, nur ein Zettel am Zaun weist den Weg über das Privatgrundstück hangabwärts zu dem Kleinod, das der Gärtner Peter Altmann über einen Zeitraum von 40 Jahren angelegt hat.

Nach der Heimkehr aus der Kriegsgefangenschaft fand Altmann 1948 eine Anstellung bei dem Gärtner Karl Foerster in Bornim und wurde von ihm mit der

Pflege des Staudengartens auf der Potsdamer Freundschaftsinsel betraut. Bis zu seiner Pensionierung war der Inselgärtner eine stadtbekannte Persönlichkeit. Seit 1965 wohnte er in Caputh, wo er auf einer Obstwiese unterhalb des Hauses ein Refugium ganz nach seinen eigenen Vorstellungen gestaltete: „Der Garten muss die vollkommene Harmonie des Menschen mit der Natur sein." Statt hochgezüchteter Rosen oder Rittersporne sammelte Altmann lieber seltene, oft unscheinbare und winzige Pflanzen – Gräser, Moose und Gebirgsblumen, für die er aus zusammengetragenen Kalk- und Feldsteinen passende Lebensräume baute. Zwischen Buchsbaumhecken schuf er Biotope für allerlei Heidepflanzen, Waldschattenpflanzen, Sumpfgräser oder Sonnenliebende. Schmale gewundene Wege führen um die Beete, man geht sie wieder und wieder ab und entdeckt im Kleinen jedes Mal neue Schönheiten: ein Blümchen, einen besonderen Grünton, ein ungewöhnliches Blattmuster. Dieser Ort öffnet die Sinne für das Unaufdringliche und Zarte, schärft die Konzentration wie ein japanischer Zen-Garten, ohne so streng zu sein. Eine Rundbank unter einem alten Birnbaum, ein Mühlstein, alte Steinbänke und ein hölzerner Pavillon laden zum Verweilen und Schauen ein. Hinter Glas hängen Aufzeichnungen und Fotos des Gartenschöpfers, der 2005 mit 90 Jahren starb. „Gott hat einen guten Gärtner gebraucht", sagte der Caputher Pfarrer bei der Trauerfeier. „Und so hat er Peter Altmann in sein Paradies geholt."

Nah am Himmel hat sich in Caputh auch Albert Einstein gefühlt. 1931 schickte er seinem Sohn Eduard eine Einladung:

Sei ein gutes faules Tier,
Streck alle Viere weit von Dir,
Komm nach Caputh, pfeif auf die Welt,
Und auf Papa, wenn Dirs gefällt.

In sein Holzhaus am Waldrand hat Einstein viele Bekannte zum Ausspannen und zu Gesprächen gebeten, darunter etliche Nobelpreisträger wie die Physiker Max von Laue und Max Planck oder die Dichter Gerhart Hauptmann und Rabindranath Tagore. Max Liebermann und Käthe Kollwitz, Heinrich Mann und Anna Seghers kamen nach Caputh, von hier aus korrespondierte Einstein mit Mahatma Ghandi und Sigmund Freud. In Caputh herrschte Zwanglosigkeit, wie das Genie sie liebte. Der Hausherr empfing seine Gäste im Lieblingspullover und mit nackten Füßen. Als seine Frau Elsa ihn einmal drängte, sich vor einem Besuch von Würdenträgern umzuziehen, antwortete er: „Wenn sie mich sehen wollen, bin ich da. Wenn sie meine Kleider betrachten wollen, öffne ich den Kleiderschrank."

Die höchste Ehre, die einem Besucher widerfahren konnte, war die Einladung zu einer privaten Segelpartie mit Einstein auf der Havel. Sein hübscher Jollenkreuzer aus Mahagoniholz, liebevoll „Tümmler" genannt, sieben Meter lang mit Hilfsmotor und 20 Quadratmeter Segelfläche, stammte aus einer Bootswerft in Caputh. Die Segelleidenschaft war ein Grund, sich in dem Ort ein Sommerhaus zu bauen.

Als der Begründer der Relativitätstheorie am 14. März 1929 seinen 50. Geburtstag feierte, war er längst ein weltberühmter Wissenschaftler und eine moralische Autorität. Aus diesem Anlass wollte der Berliner

Oberbürgermeister dem prominenten Mitbürger eigentlich ein Haus mit Havelblick schenken. Alle zur Verfügung stehenden Immobilien erwiesen sich jedoch als bewohnt oder ungeeignet, die Schenkungsabsicht provozierte zudem antisemitische Anfeindungen im Stadtparlament und der Presse. Schließlich lehnte Einstein jedes Geschenk der Gemeinde dankend ab. Aus eigener Tasche erwarb er das hoch gelegene Grundstück mit Seeblick in Caputh und beauftragte den jungen Architekten Konrad Wachsmann, Spezialist für die Serienfertigung von Holzhäusern, mit dem Bau.

Konrad Wachsmann war kein Schüler des Bauhauses, jedoch ein Geistesverwandter, der architektonische Schönheit aus klarer Zweckmäßigkeit entwickelte. Der strenge Kubus des Kaminzimmers mit der großen Dachterrasse darüber, die Holzvertäfelung der Innenräume, die Einbauschränke, französischen Fenster und das Bullauge über der Badewanne beweisen schlichte Eleganz. Das Satteldach und die rustikal aus der Fassade ragenden Tragebalken passen nicht ganz dazu, es sind Konzessionen an Einsteins Sehnsucht nach einer gediegenen Holzhütte. So spiegelt das Haus beides, den strengen Geist der Moderne und die Bedürfnisse des Bauherrn nach Behaglichkeit.

Im Herbst 1929 war das Haus bezugsfertig und Einstein sehr glücklich damit, trotz „der durch dasselbe erzeugten Pleite. Das Segelschiff, die Fernsicht, die einsamen Herbstspaziergänge, die relative Ruhe, es ist ein Paradies." Im November 1932 kaufte Einsteins Frau ein Nachbargrundstück mit einem kleinen Häuschen, um dort Gäste zu beherbergen. Zwei Monate später kamen die Nazis an die Macht, von einer winterlichen Vortragsreise in die USA kehrte die Familie nicht mehr zurück. In Nazideutschland war Einstein unerwünscht. Mit seinem Einverständnis wurde das Caputher Haus zunächst an ein jüdisches Kinderheim in der Nachbarschaft vermietet. Nach der Enteignung im Jahr 1935 nutzten es Naziorganisationen und die Wehrmacht. Die DDR-Akademie der Wissenschaften renovierte es als Haus für Gäste und Veranstaltungen. Nach jahrelangen Rechtsstreitigkeiten gehört es heute der Hebräischen Universität in Jerusalem und wird vom Potsdamer Einstein-Forum verwaltet. Als sorgfältig restauriertes Architekturdenkmal steht das Haus am Wochenende für Besucher offen. Eine Umwandlung in ein Einstein-Museum hat sich der Nobelpreisträger testamentarisch verbeten. Der Kult um seine Person ging ihm schon zu Lebzeiten derart auf die Nerven, dass er keine Pilgerstätten hinterlassen wollte und seine Asche verstreuen ließ. Daher ist eine Ausstellung über Einstein in Caputh nicht im Einsteinhaus zu sehen, sondern ein paar Fußminuten entfernt im Bürgerhaus. Die Fassade schmückt ein Bonmot des Menschenfreundes: „Das Schönste, was wir erleben können, ist das Geheimnisvolle."

Auf der anderen Seite der Durchgangsstraße liegt das Caputher Schloss, das zu DDR-Zeiten halb vergessen war. Es diente seinerzeit als Berufsfachschule und Internat. Nach der Wiedervereinigung ist es als Museumsschloss hergerichtet worden, was seiner großen Bedeutung für die Entwicklung der Potsdamer Kulturlandschaft gerecht wird. Es ist der einzige erhaltene Schlossbau aus der Zeit des Großen Kurfürsten, der den Anstoß zur Verwandlung der Gegend in ein preußisches Arkadien gab. 1671 schenkte er das Anwesen seiner Gattin Dorothea.

„Im Allgemeinen sind alle Gemächer mit schönen Möbles, Spiegeln, Gemälden, Porzellan von großer Kostbarkeit und großen Vasen geschmückt und ich weiß nicht, welche andere Fürstin sich rühmen könnte, Schöneres zu besitzen", berichtet 1686 der italienische Reisende Gregorio Leti. Aus Dorotheas Nachlass und den zerstörten Stadtschlössern in Berlin und Potsdam stammen viele der heute hier ausgestellten Kostbarkeiten.

Einmal streifte die große Politik das abgelegene Caputh. In Potsdam empfing der erste preußische König Friedrich I. im Juli 1709 seinen sächsischen Rivalen August den Starken und den Dänen Friedrich IV. zum Dreikönigstreffen. Eine militärische Allianz gegen Schweden sollte geschmiedet werden. Auf einer Prunkjacht schipperten die Könige über die Havel zum Caputher Schloss zu einem rauschenden Gartenfest. Ein starkes Militärbündnis kam nicht zustande, doch der preußische Monarch nutzte die Chance, durch höfischen Prunk seinen Anspruch auf eine Führungsrolle in Europa zu demonstrieren.

Theodor Fontane bezeichnet das so stille Caputh in seinen „Wanderungen" überraschenderweise als „Chicago des Schwielowsees". Denn während der Gründerzeit besaß der kleine Ort eine Flotte von ungefähr 60 Schiffen, die Ziegel aus den Brennereien der Umgebung ins aufstrebende Berlin transportierten und Obst aus Werder. Auswärtige Schiffer ankerten bei schlechtem Wetter oder bei Havarien in Caputh. Der Ort verlor an Bedeutung, als um 1890 der Sacrow-Paretzer Kanal gebaut wurde und die Havelschiffer der Caputher Enge ausweichen konnten. Danach kehrte die Ruhe zurück. Sie hat sich nicht wieder vertreiben lassen.

Einsteinturm und Telegrafenberg
Zu den Sternen

In Potsdam leben viele neugierige Leute. Sie arbeiten an der Universität oder in hoch spezialisierten Forschungsinstituten für Binnenfischerei, Schiffbau, Software- und Biotechnik, für Militärgeschichte, Kirchenrecht, Familienforschung und internationale Wirtschaftsbeziehungen, für Astrophysik, Polar- und Meeresforschung. Das Einstein-Forum am Neuen Markt bringt die Natur- und Geisteswissenschaftler untereinander und mit der Öffentlichkeit ins Gespräch. In keiner deutschen Stadt liegt der Anteil der Wissenschaftler an der Gesamtbevölkerung höher als in Potsdam.

Einer von ihnen ist Axel Hofmann, seit über 30 Jahren arbeitet er im berühmtesten Observatorium der Stadt, dem Einsteinturm auf dem Telegrafenberg. Sein Arbeitsplatz ist ein physikalisches Labor mit Spiegeln und Linsen, elektronischen Messgeräten und angeschlossenen Computern. Hofmann und seine Kollegen bereiten derzeit optisch-elektronische Bauteile für Gregor vor. Gregor nennen die Astronomen das weltweit leistungsfähigste Sonnenteleskop der Welt, das zurzeit auf Teneriffa gebaut wird. Dabei ist die Erfahrung der Potsdamer Experten gefragt, die im Einsteinturm seit 1922 das Geschehen auf der Sonne beobachten.

Das Labor befindet sich halb unter der Erde im Sockelgeschoss, genau dort, wo das senkrecht von oben durch den Turm einfallende Sonnenlicht mithilfe eines Spiegels in einen Spektrografen umgelenkt wird. Als der Turm gebaut wurde, hoffte man, durch die Verschiebung von Spektrallinien im Sonnenlicht die Richtigkeit von Einsteins Relativitätstheorie experimentell nachweisen zu können. Das gelang zwar nicht, aber das Instrument liefert ein gestochen scharfes Sonnenbild von etwa 13 Zentimeter Durchmesser, an dem sich die Magnetfelder auf der Sonnenoberfläche untersuchen lassen.

Das Sonnenteleskop sieht ganz anders aus als ein übliches Sternenfernrohr. Das hänge damit zusammen, erklärt Hofmann, dass es nicht nur Licht einfängt, sondern auch viel Wärmeenergie, die entweichen muss. Deshalb sind die Linsen an einem offenen Holzgerüst im Turm aufgehängt. Eine steile Wendeltreppe führt nach oben unter die weiße Kuppel. Durch Ziehen an einem dicken Tau wird sie geöffnet, auch die tonnenschwere Vorrichtung zum Einfangen des Sonnenlichts mittels zweier drehbarer Spiegel stammt noch aus der Erbauungszeit und lässt sich von Hand bewegen.

Im Sommer ist der Einsteinturm normalerweise nicht zu besichtigen, zu kostbar sind für die Forscher die Stunden, an denen die Sonne hoch am Himmel steht und nicht durch Wolken verschattet wird. Trotzdem lohnt sich der Ausflug auf den Telegrafenberg auch ohne Innenbesichtigung. Die Sonne bringt den Turm wie eine abstrakte Marmorskulptur zum Leuchten und verleiht ihm durch ungewöhnliche Schattenspiele größere Plastizität. In der Weltarchitektur rangiert der von Erich Mendelsohn (1887–1953) entworfene Bau noch vor Schloss Sanssouci. Rokokoschlösser gibt es einige, aber von den expressionistischen Fantasien der Architekten nach dem Ende des Ersten Weltkriegs ist kaum etwas gebaut worden.

Die Pilgerstätte der Architekturliebhaber umgibt stets eine angenehme Ruhe. Um Sonnenbeobachtungen ungestört von Abgasen und Erschütterungen durch den modernen Verkehr zu ermöglichen, wurde das Observatorium auf eine abgelegene Waldlichtung gebaut. Autos und Touristenbusse mit Schaulustigen dürfen nicht nah heranfahren. Spaziergänger müssen erst den großen Wissenschaftspark auf dem Telegrafenberg zu Fuß durchmessen, ehe sie das prominente Bauwerk in seinem stillen Winkel aufspüren.

Das gesamte Forschungsgelände ist einen Besuch wert. In der Kaiserzeit, als die Luft über der Großstadt Berlin sich eintrübte, wurde Potsdam als Ausweichstandort für Sternenbeobachtungen zusehends attraktiver. Auf dem Telegrafenberg entstand ab 1874 das erste Astrophysikalische Observatorium der Welt. Fünf Jahre später war die erste Sternwarte mit drei Beobachtungskuppeln fertig, das Michelsonhaus, heute Sitz des interdisziplinären Potsdam-Instituts für Klimafolgenforschung. Es liefert wissenschaftliche Daten über den dramatischen Klimawandel und erarbeitet Handlungsempfehlungen für die Politik. 1899 ging auf dem Telegrafenberg der Große Refraktor in Betrieb, das viertgrößte Linsenfernrohr der Welt. Mit ihm konnte die Geschwindigkeit von Doppelsternen gemessen und die Existenz von Sternenstaub und Gasen im Weltraum nachgewiesen werden. Im Erdgeschoss befindet sich heute ein Schülerlabor. Die gelbrote Backsteinarchitektur der Observatorien und ihre Lage in einem weitläufigen Park erinnern – auf angenehme Weise – an die weitläufigen Sanatorien der Kaiserzeit. Da und dort sieht man einen Sternen- oder Klimaforscher in Gedanken versunken auf den Parkwegen spazieren gehen.

Nicht nur der Weltraum, auch die Erde wurde in der Kaiserzeit vom Telegrafenberg aus neu vermessen. Das 1892 eingeweihte Königlich Geodätische Institut war weltweit führend auf seinem Gebiet, der im selben Jahr in Betrieb genommene Helmert-Turm diente als Nullpunkt der preußischen Landvermessung. Der Telegrafenberg war damit sozusagen der Nabel der Welt für viele Geografen. Auch die Wetterfrösche sind auf dem Telegrafenberg seit mehr als hundert Jahren zu Hause, der Deutsche Wetterdienst unterhält bis heute eine Beobachtungsstation. Im 1999 eingeweihten Neubau des Alfred-Wegener-Instituts werden Messgeräte für Untersuchungen der Erdatmosphäre entwickelt und geeicht. Jüngst erstellten Wissenschaftler des Potsdamer Geoforschungszentrums mithilfe von Satelliten ein Modell der Erdoberfläche, das deren Abweichungen von der idealen Kugelform sichtbar macht. Mit ihren Dellen und Beulen ähnelt Mutter Erde eher einem Knollengewächs. Daher bezeichnen Geoforscher unseren Planeten neuerdings liebevoll als „Potsdamer Kartoffel".

Hermannswerder
Insel der Wohltätigkeit

Die Lage könnte idyllischer kaum sein: An drei Seiten wird die Halbinsel Hermannswerder vom Havelwasser umspült, hohe Bäume und Schilf besetzen die Uferzonen. Streng genommen ist das lang gestreckte Eiland sogar eine richtige Insel, denn der Landstreifen zum Festland wird quer von einem Kanal durchschnitten, dem Judengraben. Er heißt so nach einem früheren jüdischen Besitzer der umliegenden Wiesen. Während sich der nordwestliche, der Potsdamer Innenstadt zugewandte Zipfel des Hermannswerder zu einem Bootshafen und Seglerparadies entwickelt hat, bildet der größere, südwestliche Teil eine Welt für sich. Es gibt eine Bushaltestelle, einen Briefkasten und ein Café, eine Kirche, einen kleinen Laden, viele Bäume und sorgfältig sanierte Kaiserzeitbauten aus rotem Backstein. Dass es hier nicht nur idyllisch ist, dafür sorgen die Menschen, die auf der Halbinsel wohnen und arbeiten.

Alte Ziegelmauern und ein großes, neogotisches Backsteintor trennen Hermannswerder vom Festland. Gleich hinter dem einladend offen stehenden Tor macht ein verglaster Bürobau alle Tagträume von einem arkadischen Eiland zunichte. Hier treibt ein internationaler Chemiekonzern „crop science", Biotechnologieforschung. Hinter den Glasfenstern sieht man kleine grüne Pflänzchen in langen Reihen von Laborgläsern wachsen. Von Videokameras überwachte Gewächshaustrakte schließen sich an.

Weitere Biotechnologiefirmen sind in ziegelroten Altbauten auf dem Südzipfel von Hermannswerder untergebracht. Dort befand sich bis 1991 ein Militärlazarett der Sowjetarmee. Nach dem Abzug der Soldaten sollten Asylbewerber einziehen, gut abgeschottet gegen den Rest der Stadt. Die brandenburgische Landesregierung verhinderte das, sie unterstützte die Gründung eines Biotechnologieparks, in dem sich mittlerweile ein gutes Dutzend Firmen mit rund 200 Mitarbeitern niedergelassen haben.

Nicht nur Genpflanzen- und Medikamentenforscher und die Mitarbeiter einer Blutegelzucht schätzen die Abgeschiedenheit der Halbinsel. In einer alten Backsteinkapelle hat sich ein Bildhauer mit seinem Atelier eingenistet. Steinfiguren für Haus und Garten stehen auf dem Freigelände zum Verkauf. Wir schlendern an Datschen und Lauben vorbei, teils herausgeputzt, teils von kreativem Chaos überwuchert. Im Herzen der Halbinsel steigt schwatzend eine Gruppe von Schülern aus dem öffentlichen Bus. Ab hier sind die Fußgänger in der Überzahl.

In dem parkartigen Gelände stehen vielleicht 20 historische Backsteinbauten von unterschiedlicher Größe – mehrstöckige Wohntrakte, Schulbauten, Wirtschaftsgebäude mit hohem Schornstein, ein Wasserturm. Das geistige Zentrum bildet eine Kirche, die viel zu groß wirkt für so eine Inselwelt. Durch die Türen dringen Orgelklänge, hier wird geprobt. In drei Tagen, so entnehmen wir einem Plakat am Eingang, steht ein Konzert auf dem Programm.

Die Häuser mit ihren Türmchen, Erkern und Gesimsen in Backstein bilden ein geschlossenes Baudenkmal. Errichtet wurde es von einer privaten Stiftung, die bis heute auf der Insel die Regie führt. Sie geht auf den 1819 geborenen Teppichfabrikanten Hermann August Hoffbauer zurück, der seit 1870 in Potsdam lebte. Er hatte eine ausgeprägte soziale Ader und feste religiöse Überzeugungen, deshalb sollte sein Vermögen dem Allgemeinwohl zugutekommen. Der Legende nach gab eine Orientreise des wohlhabenden, kinderlosen Paares Hoffbauer den Ausschlag, auf der der schwer erkrankte Industrielle von Kaiserswerther Diakonissen gesund gepflegt wurde. Als er 1884 starb, setzte seine resolute Frau Clara das Vermächtnis in die Tat um, erwarb das 40 Hektar große Gebiet auf der Insel Tornow – die in Hermannswerder umbenannt wurde – und schuf hier ein Zentrum evangelischer Sozialfürsorge und Bildungsarbeit.

Den Anfang machten ein Waisenhaus und ein Diakonissen-Mutterhaus, dann kamen eine Schule, ein Krankenhaus, weitere Waisenhäuser hinzu. Vor dem Ersten Weltkrieg wurden bereits 400 Mädchen in protestantischem Geist unterrichtet, gut zehn Jahre später waren es 2000 Kinder – das erklärt die erstaunliche Größe der Kirche auf der Insel. In dem 1909 eingeweihten Schulgebäude, das im besten kaiserzeitlichen Historismus wie eine Kreuzung aus mittelalterlicher Burg, Rathaus und Kaserne aussieht, lernen heute die Schüler eines Evangelischen Internats – des Einzigen in Brandenburg. Vor zwei anderen Backsteinbauten stehen rauchend junge Erwachsene in Gruppen beisammen. Hier führen eine Fachschule für Soziales und eine Altenpflegeschule die Tradition der Stiftung fort.

In der Nazizeit war die Insel Schauplatz eines heftigen Machtkampfes zwischen Anhängern der Bekennenden Kirche, die den Nationalsozialismus ablehnten, und kooperationswilligen „Deutschen Christen". 1938 übernahm der Staat die Kontrolle über die Stiftung, das Standbild Luthers verschwand aus dem Eingang der Schule, die Diakonissen wurden vertrieben. Wenigstens teilweise konnte in der DDR-Zeit die christliche Ausrichtung wieder aufgenommen werden. Wer hier zur Schule ging, erhielt eine Vorbereitung auf das Theologiestudium, hatte aber in der üblichen DDR-Arbeitswelt wenig Chancen. Eine Geriatrie-Diakonie mit Altenpflege-Fachschule wurde gegründet, Wohn- und Werkstätten für geistig und körperlich behinderte Erwachsene kamen hinzu.

Hinter den großen Fenstern der neu errichteten Werkstatt-Trakte der Diakonie werkeln Beschäftigte mit Metall und Ton, während Frauen in grünen Gärtnerhosen auf dem Freigelände Unkraut jäten und Rasen mähen. Die Jugendeinrichtung „OASE" kümmert sich um Schulverweigerer, ein Altenpflegeheim nimmt Gebrechliche auf. Sozialarbeit braucht Geld, deshalb hat die Hoffbauer-Stiftung einige Gebäude verpachtet und ein Inselhotel gebaut. Vor dem modernen Flachbau des Restaurant-Cafés nehmen zwei Anzugträger mit Handys und Klemmmappen die Teilnehmer einer Tagung in Empfang. Die Hoffbauer-Stiftung profitiert von der zahlenden Kundschaft. Sie sieht sich bis heute dem Anspruch des Gründerpaares verpflichtet, das Eiland zu einer Insel der Wohltätigkeit zu machen. Eine Insel der Seligen ist sie aber nicht. Wer hier strandet, hat oft schon einiges im Leben hinter sich.

Weberplatz in Babelsberg
Böhmisches Dorf

Hingelehnt in einen Scherenstuhl sitzt der Gelehrte auf dem Weberplatz, der Mann von hagerer Gestalt wirkt tief in Gedanken versunken. Die feingliedrigen Finger der rechten Hand streifen den Kinnbart, die Lider sind halb geschlossen. In den Falten des Gewandes hat sich gelber Blütenstaub von den Kastanienbäumen, Linden und Eichen auf dem Weberplatz gesammelt, in seinem Schoß eine kleine Regenpfütze.

Die Skulptur des mährischen Bildhauers Igor Kitzberger steht seit 1995 im Schatten der barocken Friedenskirche. Sie erinnert daran, dass es verfolgte Protestanten aus Böhmen und Mähren waren, die im 18. Jahrhundert diesen Flecken Erde besiedelten. Dargestellt ist Johann Amos Comenius, der in Mähren geborene, im Amsterdamer Exil begrabene Pädagoge und Bischof der Böhmischen Brüder. Vor dem düsteren Hintergrund des Dreißigjährigen Krieges predigte er Gewaltfreiheit und formulierte eine humanistische Bildungsutopie. Comenius forderte die Schulpflicht für Jungen wie Mädchen aller Gesellschaftsklassen und verfasste mit dem „Orbis sensualium pictus" das erste illustrierte Schulbuch. Liebevoll sollte die Erziehung sein, der Unterricht anschaulich und auf die Fähigkeiten der einzelnen Schüler zugeschnitten. Allgemeinbildung war für Comenius ein Schlüssel zu einer besseren Welt.

Von einem nahen Kindergarten hallen helle Stimmen zu dem Denkmal herüber. Eine junge Mutter schiebt ihren Kinderwagen quer über den dreieckigen Weberplatz, der ruhig und schattig zwischen einstöckigen Kolonistenhäusern liegt. Nur gelegentlich schleicht ein Auto über das Kopfsteinpflaster. Ein barockes Stadtbild, authentischer als in der Potsdamer Innenstadt, doch ohne Touristen! Es war Friedrich der Große, der 1750 befahl, östlich von Potsdam ein böhmisches Weberdorf zu errichten. Seit dem Dreißigjährigen Krieg holten die preußischen Herrscher Religionsflüchtlinge ins Land, um es wirtschaftlich aufzubauen. Einer zweifelhaften Anekdote zufolge geht der dreieckige Grundriss des Weberplatzes auf den Dreispitz des Alten Fritz zurück. Drei Jahre nach seinem Erlass standen bereits die nach ihm benannte Friedrichskirche und um den Weberplatz etwa 200 schmucklose Häuser für je zwei Handwerkerfamilien. Die einstöckigen Bauten verleihen diesem Teil Babelsbergs einen dörflichen Charme. Bis 1809 wurden in der Friedrichskirche Gottesdienste in tschechischer Sprache abgehalten, danach nicht mehr. Die Kolonisten der ersten Generation waren weggestorben, ihre Nachkommen verstanden nur noch Deutsch und waren geborene Preußen.

An der Einmündung der Lutherstraße steht ein nicht sehr großer, aber ehrwürdiger Weißer Maulbeerbaum mit rissigem Stamm und brombeerartigen Früchten. Tausende dieser Bäume ließ der Alte Fritz in den Straßen um die Friedrichskirche pflanzen. Die meisten gingen in den harten Wintern sehr schnell wieder ein. Wenn Maulbeerbäume erst einmal ein gewisses Alter erreicht haben, erweisen sie sich jedoch als sehr zählebig. Der König träumte davon, die Seidenproduktion zu einem blühenden Wirtschaftszweig zu machen. Die Blätter der Maulbeerbäume dienten Seidenraupen als Nahrung. Seidenstoffe wurden nicht nur für höfische Kleidung gebraucht, sondern auch für die kostbaren Wandbespannungen in Schloss Sanssouci oder im Neuen Palais.

Trotz königlicher Protektion fristeten die angeworbenen Weber und Spinner überwiegend ein armseliges Dasein, litten unter Exportschwierigkeiten und der Ausbeutung durch Manufakturbesitzer. Die Weberkolonie Nowawes – tschechische Übersetzung von Neuendorf – war seit dem späten 18. Jahrhundert wiederholt Ausgangspunkt sozialer Unruhen. Wie bescheiden die Bewohner lebten, davon kann man sich in der Nowaweser Weberstube, dem winzigen Heimatmuseum in einem Kolonistenhaus an der Karl-Liebknecht-Straße 23, ein Bild machen.

Als Ort des Aufruhrs ist der stille Weberplatz während der Wendezeit in die Annalen Potsdams eingegangen. Im Schutz der Friedrichskirche fanden Bürgerrechtler, Friedensbewegte und Naturschützer zusammen. Am 4. Oktober 1989 versammelten sich in und vor dem Gotteshaus etwa 3000 Potsdamer, um gegen Wahlfälschungen und für politische Reformen in der DDR zu demonstrieren. Da die Kirche sich rasch als zu klein für die wachsende Oppositionsbewegung erwies, verlagerte sich das Geschehen bald in die größere Potsdamer Erlöserkirche. In den Jahren nach der Wiedervereinigung kämpften der Pfarrer und die Anwohner für eine behutsame Sanierung der ehemaligen Webersiedlung. Viele der alten Weberhäuser wurden so dem Verfall entrissen. Wer heute durch die freundlichen Babelsberger Straßen spaziert, spürt: Der Aufstand gegen die Obrigkeit hat sich gelohnt.

Schlosspark Babelsberg
Wie fließt das Wasser ins Schwarze Meer?

Potsdam war immer unvollendet. Nie wurden alle Parks mit der gleichen Sorgfalt gepflegt, stets gab es unfertige Projekte und Zonen des Verfalls. Die Landschaft war immer im Fluss, und sie bleibt es – dank der Witterung und wechselnder Jahreszeiten, dank der Bemühungen von Denkmalpflegern und engagierten Bürgern.

Panta rhei – alles fließt. Wasser gibt es überreichlich, nur plätschert es nicht immer genau dort, wo die Potsdamer sich das wünschen. Wie gerne hätte der Alte Fritz von seinem Weinbergschloss aus eine Fontäne gesehen! Riesige Summen hat er in Wasserleitungen verbauen lassen, die ihren Dienst versagten. Pech hatte auch Peter Joseph Lenné, der den sandigen, während der napoleonischen Besatzungszeit abgeholzten Babelsberg im Auftrag des Prinzen und späteren Kaisers Wilhelm I. in einen grünen Hügel verwandeln sollte. 1833 begann er Parkwege, einen mit Blumen geschmückten Pleasureground und Rasenflächen – den sogenannten Bowlinggreen – um die Baustelle von Karl Friedrich Schinkels Sommerschlösschen im neugotischen Tudorstil anzulegen, doch schon im folgenden heißen Sommer vertrockneten die Neupflanzungen.

Mehr Glück war dem populären Gartenkünstler und Lebemann Hermann von Pückler-Muskau beschieden, den Prinz Wilhelm zehn Jahre später mit der Weiterentwicklung des Parks beauftragte. Pückler-Muskau wollte seinen angesehenen Konkurrenten Lenné übertrumpfen. Ihm wurde genehmigt, was Lenné aus Sparsamkeit zuvor verweigert worden war: eine moderne Bewässerungsanlage. 20 Kilometer Wasserrohre wurden verlegt, ein 1845 in Betrieb genommenes Dampfmaschinenhaus an der Glienicker Lake pumpte das Wasser hinauf zum Schloss und in ein höher gelegenes Reservoir. Es speiste zahlreiche Brunnen und künstliche Wasserläufe, insgesamt 13 Fontänen im Umkreis des Schlosses. Die höchste, der sogenannte Geysir, schoss am Havelufer 40 Meter in die Höhe.

Am Schloss sind wir mit Alfons Schmidt verabredet, dem Baudirektor und obersten Denkmalpfleger der Schlösserstiftung. Babelsberg ist eine von vielen Dauerbaustellen, um die er sich sorgt. Eine Fassadensanierung ist geplant, obwohl der Verfall nicht schlecht zu der ritterburgähnlichen Architektur passt. Das Schlossdach sei schon nach der Wiedervereinigung neu gedeckt worden, erzählt Schmidt: „Aber leider hat man Kupferblech statt Zinkblech genommen, jetzt färben sich die Zinnen oben grün statt schwarz. Das hatten sich die Architekten im 19. Jahrhundert nicht so vorgestellt. Damit müssen wir jetzt aber leben. Ein neues Dach nach zehn Jahren wieder abzureißen, das geht nicht." Denn am Neuen Palais in Sanssouci und andernorts verfällt Originalsubstanz, weil die Mittel fehlen. Eine Eisentreppe am Babelsberger Schloss hat Schmidt unter ein Gerüst mit Plastikplanen stellen lassen, damit sie nicht weiter verrostet: „Sieht nicht schön aus, aber es hilft."

Um das Schloss haben die Gärtner der Stiftung viel Wildwuchs beseitigt, das Bowlinggreen und den Pleasureground mit seinen bunten Blumenrondellen in Ordnung gebracht. Gärtner gießen die Kübelpflanzen auf der Porzellanterrasse mit gelben Schläuchen, aus denen kostbares Trinkwasser fließt. Das große runde Becken in der Terrassenmitte liegt trocken. Im rissigen Boden wurzelt Unkraut. Schmidt zeigt auf die verwitterte Spitze der Brunnenstele in der Mitte: „Das älteste Stück im Park, ein Kölner Geschenk an Wilhelm I., der die Vollendung des Doms unterstützte. Es soll etwa 500 Jahre alt sein."

Wann der Brunnen wieder sprudelt, kann der Chefdenkmalpfleger nicht so genau sagen. „Bis 2012 verbuddeln wir 3,7 Millionen Euro im Park, nur um die alten Wasserleitungen instand zu setzen. Das ist Frickelkram. Danach erst macht es Sinn, die Brunnen und Wasserläufe zu sanieren. Das kann gut noch ein paar Jahre dauern." Wir gehen den Hang hinunter zum Pumpwerk an der Glienicker Lake. Am Ufer stehen ein paar Mitarbeiter der Stiftung, in eine Baubesprechung vertieft. Geöffnete Gullydeckel deuten auf die darunter versteckte Elektropumpe hin, die bald wieder das Reservoir, das sogenannte Achterbecken auf der Friedrich-Wilhelm-Höhe, mit Havelwasser füllen wird. Die gusseiserne Druckleitung von 1845 ist benutzbar, das mächtige Pumpenhaus aus dem 19. Jahrhundert hingegen steht leer. Glück, dass es überhaupt noch da ist. Nachdem das Wassersystem 1968 stillgelegt worden war, wollten die DDR-Grenztruppen das Gebäude abreißen, denn nur wenige Meter vom Ufer verlief die Grenze nach Westberlin. Proteste der Schlösserverwaltung verhinderten den Abriss. Zum Dampfmaschinenhaus gehörte im 19. Jahrhundert eine Wohnung für einen Fontainier. Der Denkmalpfleger Alfons Schmidt sähe es gern, wenn dort künftig wieder ein Techniker einzieht, der das Wassersystem im Babelsberger Park in Ordnung hält.

Wir verabschieden uns und wandern an der Havel weiter, vorbei an den trockenen Resten des Wilhelmwasserfalls, der Rosentreppe und dem lauschigen Parkrestaurant im Kleinen Schloss. Ein Gebäude, das mit seinem Staffelgiebel an ein norddeutsches Rathaus erinnert, diente ursprünglich als Matrosenhaus. Wilhelm I. und seine Frau Augusta waren keine Italienliebhaber. Sie stellten sich lieber die in Berlin abgerissene gotische Gerichtslaube in den Park. Von dem Architekten Johann Heinrich Strack ließen sie sich 1853 bis 1856 eine Kopie des Eschenheimer Torturms in Frankfurt als Refugium und Aussichtspunkt bauen. Der Name Flatowturm geht auf eine westpreußische Domäne zurück, aus deren Zahlungen Wilhelm den Bau finanzierte. Der Wassergraben um den Turm, den früher sogar eine Zugbrücke überspannte, ist leer.

Innen führt eine steile Wendeltreppe von der rustikalen Trinkhalle hinauf ins ehemalige Diener- und Arbeitszimmer, darüber hat die Schlösserstiftung eine hübsche kleine Ausstellung über die Sichtbeziehungen innerhalb der Potsdamer Landschaft eingerichtet. Ganz oben auf dem Zinnenkranz weht den Besuchern ein frischer Wind um die Nase. Dort berichtet Martin Rohde, der Gartendirektor der Schlösserstiftung, von den Schwierigkeiten, einen vernachlässigten Landschaftspark wieder als Kunstwerk erfahrbar zu machen. 50 oder 100 Jahre alte Bäume, die ungeplant eine wichtige Sichtachse verstellen, kann er nicht einfach fällen lassen – dazu muss erst ein Einvernehmen mit den Naturschützern gefunden werden. Tagelang hat er mit Vertretern anderer Behörden das Dickicht des Babelsberger Parks durchstreift, um ihnen zu erläutern, wie man möglichst schonend die Sichtachsen um den Flatowturm wiederherstellen könnte. Der Durchblick zum Schloss Babelsberg ist noch zugewachsen. Von oben sieht der Park mit seinen verschlungenen Wegen, Baum- und Gehölzgruppen aber schon wieder nach einer filigranen Planzeichnung aus dem 19. Jahrhundert aus. Als Kunstwerk, betont der Gartendirektor, sei der Babelsberger Park in seinen Augen gleichrangig mit Sanssouci oder mit den berühmten Pückler-Parks in Branitz und Muskau.

Zwischen Flatowturm und Schloss muss das Schwarze Meer liegen. In den neueren Parkplänen ist es blau eingezeichnet, nicht weit vom Achterbecken. Dieser Teil des Parks wurde jahrzehntelang wenig gepflegt und versank in einen Dornröschenschlaf. Inzwischen haben die Denkmalpfleger die alten Wege neu befestigen lassen. Es hat sich noch nicht herumgesprochen, man trifft hier so gut wie niemanden. Wir kommen an einer verfallenen halbrunden Steinbank vorbei, ein Monument des Kaiserreiches, für das sich lange niemand interessierte. Die ehemalige Feldherrenbank verherrlichte den Sieg im deutsch-französischen Krieg von 1870/71, um sie herum ließ Kaiser Wilhelm die Büsten seiner Heerführer und Lorbeerbäumchen aufstellen. Ganz oben auf der Anhöhe zeigt sich die geflügelte Viktoria auf ihrer Siegessäule zwischen Baumkronen.

Das Schwarze Meer liegt trocken, wir erkennen es in einer Senke am Wegesrand. Vier buckligen Erhebungen sind die vier Inselchen in dem künstlichen Teich, den Fürst Pückler 1844 anlegte. Ein Kabinettstückchen der Gartenkunst, das darauf wartet, wieder mit Wasser gefüllt zu werden. Wir folgen dem gewundenen Uferweg um die Lichtung, klettern die steile Böschung hinunter und stehen nun auf dem Meeresgrund. Ob sich in zehn Jahren wieder Himmel und Baumkronen im Wasser spiegeln? Wird es dann hier immer noch so still sein?

Neuer Garten
Mystik am Heiligen See

Die beiden Petrijünger, mit Angelzeug, Pelzmütze, Klappsitzen und Thermoskanne bewaffnet, scheinen geduldig auf dem Wasser des Heiligen Sees zu schweben. Es ist Winter, um Null Grad, auf dem seit Tagen zugefrorenen See hat sich ein feuchter Spiegel gebildet. Die fernen Uferlinien zerfließen im Nebel. Hinter den Anglern zeichnet sich die Silhouette des Marmorpalais im Dunst ab. Sonst ist weit und breit kein Mensch zu sehen.

Der Schnappschuss von dieser meditativen Winterszene ist über viele Jahre ein Lieblingsbild geblieben. Nun das Wiedersehen mit dem Heiligen See im Hochsommer – nach langer Abwesenheit. Die Wiesen auf der schmalen Landzunge zwischen dem Heiligen und dem Jungfernsee sind strohgelb und staubig von der trockenen Hitze. Einige Potsdamer haben Handtücher ausgebreitet und liegen splitternackt in der prallen Vormittagssonne. Obwohl die Wiesen zum königlichen Neuen Garten gehören, obwohl sie genau in der Sichtschneise zwischen dem Marmorpalais und der Pfaueninsel liegen, unternimmt die Schlösserverwaltung bislang nichts gegen die Nackten. Mit ihrem Vorgehen gegen die Radler in den Parks hat sie sich genügend Ärger eingebrockt. Es gibt Gewohnheitsrechte, auf deren Beschneidung die Bevölkerung sehr unwillig reagiert. Das Sonnenbaden in diesem Teil des Gartens gehört dazu wie die Abkühlung im Heiligen See. Ausdrücklich ist so etwas in den Schlössern und Gärten nicht erlaubt, aber noch wird es geduldet, um größeren Unmut zu vermeiden.

Die flache Badestelle liegt etwas versteckt unter alten Eichen am Nordufer, eigentlich ist es nur eine Schneise im dichten Schilfgürtel, in dem Blesshühner und Enten ihren Nachwuchs aufziehen. Mit einer kleinen Schaufel gräbt ein junger Mann im Wasser und häufelt Sand auf frei gespülte Baumwurzeln. Zwei Potsdamerinnen im Evakostüm entsteigen den Fluten. „Gehen Sie doch bitte links an der flachen Stelle raus", bittet der junge Mann, den man in seinem verblichenen grünen T-Shirt für einen Gärtner halten könnte. Aber nein, er sei kein Mitarbeiter der Schlösserstiftung, er wohne zehn Minuten mit dem Fahrrad von hier und liebe diese Badestelle. Da sich sonst niemand darum kümmere, versuche er sie in Ordnung zu halten.

Das Wasser ist trüb, aber angeblich unbedenklich. Im Schilf quaken Frösche. Nach wenigen Schwimmzügen hat man den Schilfgürtel passiert und über die schimmernde Wasseroberfläche einen freien Panoramablick auf die Ufer des Heiligen Sees. Weiß schimmert das Marmorpalais, das Rote und Grüne Haus leuchten am Ufer, am anderen Ende des Sees ragt die zierliche gotische Bibliothek ins Wasser. In einer der unbezahlbaren Villen der Berliner Vorstadt linkerhand würde man gerne wohnen, mit freiem Blick über den Heiligen See auf den Neuen Garten. Um den See spazieren ist auch schön, doch man kann es den Potsdamern nicht verübeln, dass sie sich damit nicht zufriedengeben: Wer schwimmt, ist nicht länger nur Betrachter, er taucht in die schöne Landschaft ein, empfindet sich noch intensiver als Teil von ihr.

An einem kalten Novembertag des Jahres 2004 stiegen zwei Mitarbeiter der Schlösserstiftung unweit des Marmorpalais in Taucheranzügen ins Wasser. Die sommerliche Eintrübung des Sees durch Blaualgen hatte nachgelassen, auf dem Grund hofften die beiden Hobbytaucher verschollene Teile der Parkarchitektur des Neuen Gartens zu finden. Nach einer halben Stunde entdeckten sie in fünf Meter Tiefe eine mit Muscheln und Algen überwachsene Steinurne. Sie stand bis zum Ende des Zweiten Weltkrieges auf einem erhaltenen Postament am nahen Seeufer. Eine kleine Sensation für Preußenfreunde, denn um diese Urne ranken sich Legenden. König Friedrich Wilhelm II. ließ sie zur Erinnerung an eines seiner zahllosen unehelichen Kinder aufstellen, das 1787 im Alter von achteinhalb Jahren unerwartet starb. Alexander war sein viertes Kind mit der Mätresse Wilhelmine Encke, die er später mit seinem Kämmerer Wilhelm Ritz verheiratete und zur Gräfin Lichtenau machte.

In vielem war Friedrich Wilhelm II. das Gegenbild seines kinderlosen, rationalistischen und religionsfeindlichen Onkels Friedrich des Großen. Der lebenslustige Schwärmer glaubte fest an Geistererscheinungen aus dem Jenseits. Seine Lieblingsmätresse machte sich das zunutze, indem sie Einflüsterungen des toten Sohnes vortäuschte, um den König zu steuern. Er war Freimaurer und Mitglied des Rosenkreuzerordens, seine Logenbrüder Johann Christoph von Woellner und Hans Rudolf von Bischoffwerder machte er 1786 sofort nach der Thronbesteigung zu einflussreichen Ministern im Staatsapparat. Während im revolutionären Frankreich die Bürger die Macht an sich rissen, war Preußen fest in der Hand einer Bande von Okkultisten.

Am Heiligen See baute sich Friedrich Wilhelm II. ein zweites Sanssouci. Er kaufte dazu mehrere Weinberge um den See auf und schützte sein Refugium mit einer vier Meter hohen Mauer vor ungebetenen Blicken. Was sich im Neuen Garten abspielte, war des Königs Geheimsache und gibt bis heute Rätsel auf. Denn die Mitglieder des Geheimbundes, dem er angehörte, hatten sich zum Schweigen verpflichtet. Dem Zeitgeschmack folgend, ließ der König einen englischen Landschaftspark anlegen, mit gewundenen Wegen, lockeren Baumgruppen und Schweizer Kühen auf der Weide. Die Bediensteten wohnten in den malerischen Holländerhäusern an der Stadtseite des Parks, die Küche war in der Tempelruine am See untergebracht und durch einen unterirdischen Gang mit dem Marmorpalais verbunden. Im einfachen Bürgerrock ging der König stundenlang im Park spazieren und gab sich empfindsamen Träumereien hin.

Die merkwürdigen Parkarchitekturen auf seinen Wegen waren mystische Symbole. So führte von der Gedächtnisurne für den toten Sohn ein direkter Pfad zu der großen Pyramide, die als Eiskeller diente und zugleich den Eingang in die Unterwelt symbolisiert. Am Eingang findet man alchemistische Planetensymbole, die Bedeutung der Hieroglyphen an den Seiten der Pyramide liegt im Dunkeln. Ägyptische Einflüsse zeigt auch die große Sphinx über dem Zugang zur Orangerie. Verschwunden ist eine Statue der Göttin Isis mit 21 Brüsten im Park. Die Lebensspenderin galt als Magierin und Mutter der ägyptischen Könige. Die unter einem aufgeschütteten Hügel versteckte Muschelgrotte am Jungfernsee diente wahrscheinlich als Treffpunkt für Zusammenkünfte Friedrich Wilhelms II. mit seinen Logenbrüdern. Sie war im Innern ähnlich kostbar ausgestattet wie die kürzlich in der Nähe wiederaufgebaute Eremitage, äußerlich eine mit Borken verkleidete Holzhütte, die einen Tempel voller astrologischer Symbole barg. An der Nordostecke des Neuen Gartens hat die Schlösserverwaltung die strahlend weiße Herme des griechischen Feldherrn Themistokles wieder aufstellen lassen. Themistokles hatte einen Spruch des Orakels in Delphi richtig gedeutet, ehe er gegen die Perser in den Krieg zog und sie in einer Seeschlacht besiegte. Friedrich Wilhelm II. suchte in spiritistischen Sitzungen den Rat von Geistern, bevor er 1792 zu einem weniger erfolgreichen Feldzug gegen das revolutionäre Frankreich aufbrach.

Nach dem Tod des Königs im Marmorpalais am 16. November 1797 ließ sein Sohn die Gräfin Lichtenau verhaften und beendete die geheimbündlerische Vetternwirtschaft am preußischen Hof. Der vom Nachfolger ungeliebte Neue Garten blieb weitgehend sich selbst überlassen. Seine Überarbeitung und Modernisierung war 1816 die erste Aufgabe für den aus Koblenz nach Potsdam berufenen Gartengestalter Peter Joseph Lenné. 1905 zog das letzte Kronprinzenpaar der Hohenzollernmonarchie ins Marmorpalais ein. Im Neuen Garten fühlte es sich so wohl, dass es sich ein neues Riesenschloss mit 176 Räumen errichten ließ: Cecilienhof.

Es trägt den Namen der populären Kronprinzessin und wurde im damals modischen Landhausstil erbaut. Zauberhaft ist ein als weiße Schiffskabine gestalteter Wohnraum für Cecilie. Mit Zentralheizung, Klimaanlage, fließend warmem Wasser, großzügigen Bädern und eleganten Einbauschränken war Cecilienhof das modernste Schloss der Hohenzollern. Und ihr letztes in Potsdam. Die Bauarbeiten dauerten bis in den Ersten Weltkrieg, danach kam das Aus für die Monarchie. Heute ist Cecilienhof teilweise Hotel, teilweise Museumsschloss und Gedenkstätte für die Potsdamer Konferenz. Im Sommer 1945 berieten zunächst Stalin, Truman und Churchill, an dessen Stelle Ende Juli Attlee trat, hier in Cecilienhof über die Zukunft Deutschlands und Europas. Die Aufteilung Deutschlands in Besatzungszonen wurde dabei zementiert, was sich später sehr schädlich auf den Neuen Garten auswirkte.

Da sein nördlicher Teil an den Jungfernsee grenzt, über den man in den amerikanischen Sektor von Berlin hätte schwimmen können, wurde dieser Bereich scharf kontrolliert und im Zuge des Mauerbaus mit Grenzsperren versehen. Überdies war schon seit Kriegsende an der langen Westseite des Parks für Zivilisten kein Durchkommen mehr, da sich dort ein abgeschirmtes Militärstädtchen für sowjetische Offiziere befand (mehr darüber im nächsten Kapitel). Im Marmorpalais eröffnete 1961 die Nationale Volksarmee ein Armeemuseum, in dem DDR-Schulklassen laut Ausstellungsführer beigebracht werden sollte, „dass eine Revolution nur dann etwas wert ist, wenn sie sich zu verteidigen versteht". Das Militär hatte den Neuen Garten des genussfreudigen, militärisch desinteressierten und glücklosen Friedrich Wilhelm II. über Jahrzehnte fest im Griff. Im Zuge der deutschen Wiedervereinigung mussten die deutschen und russischen Soldaten abziehen und die Heiterkeit kehrte zurück. Das Marmorpalais ist nach langwieriger Restaurierung wieder ein prachtvolles Museumsschloss, die Uferböschungen am Heiligen See sind neu befestigt und bepflanzt. Aus dem Neuen Garten führen wieder schöne Spazierwege hinauf auf den Pfingstberg mit Schinkels zierlichem Pomonatempel und dem sanierten Belvedere, das Friedrich Wilhelm IV. als pompösen Aussichtspunkt errichten ließ. Der jüdische Friedhof, die russisch-orthodoxe Kapelle und die Holzhäuser der Alexandrowka liegen nebenan. Wer diese Gegend vor oder kurz nach dem Fall der Mauer gesehen hat, wird sie kaum wiedererkennen. Magie war nicht im Spiel, und doch mutet es an wie ein Wunder.

Alexandrowka und Militärstädtchen Nr. 7
Russischer Archipel

Gedämpftes Sonnenlicht fällt weich auf die Ikonen. Es duftet nach Kerzenwachs. Russische Kirchengesänge hallen leise durch die Alexander-Newski-Kapelle. Andächtig verharren die Besucher vor dem Ikonostas, der Bilderwand, die den Altar verbirgt. Nur während der russisch-orthodoxen Liturgie geben die Mitteltüren den Blick aufs Allerheiligste frei. Schaut man nach oben, fühlt man einen Sog hinauf in die Kuppel, die viel höher ist, als man beim Betreten der Kapelle erwartet. Stehend vor dem Ikonostas können höchstens 50 Gläubige an den Gottesdiensten teilnehmen. Ein Vielfaches an Spaziergängern und Touristen besucht die Alexander-Newski-Kapelle jeden Tag, genießt schweigend die Feierlichkeit des Ortes und zündet Kerzen als Fürbitte für die Liebsten an.

In dem russischen Holzhaus neben der Kirche wohnt Vater Anatolij, so nennen die Gemeindemitglieder ihren Erzpriester. Anatolij Koljada lehrte Atom- und Plasmaphysik in der Sowjetunion, ehe er sich mit 30 Jahren zum Priester weihen ließ und 1986 nach Potsdam zog. Seine Amtsvorgänger sind um die Kapelle unter alten Grabsteinen bestattet. „Hier ruht in Gott der Kaiserlich-Russische Gesandtschafts Probst Johannes Tschudowski, geboren in Rußland zu Tschudowe im Gouvernement Nowogorod den 24ten October 1765, gestorben in Berlin den 6ten October 1838. Nach Gründung der Kolonie Alexandrowka erfolgte durch ihn die Einweihung dieser Kapelle, so wie er zuerst das geistliche Amt bei derselben verwaltete", erzählt ein deutschrussisches Epitaph an der Rückseite der Kapelle.

Aus der Ferne wirkt sie mit ihrem rosa Anstrich, den weißen Pilastern, den kupfergrünen Zwiebeltürmchen mit Goldkreuzen wie exotisches Zuckerbäckerwerk. Doch die älteste russisch-orthodoxe Kirche in Westeuropa bezaubert durch elegante Proportionen. Russische Tradition und preußischer Klassizismus sind in ihr eine einzigartige Symbiose eingegangen. Die aus Sankt Petersburg übersandten Pläne des Hofarchitekten Wassili Petrowitsch Stassow hat sein preußischer Kollege Karl Friedrich Schinkel überarbeitet und ergänzt. Überhaupt ist die Kirche ein Denkmal der innigen deutsch-russischen Beziehungen ihrer Zeit. Der erste Gottesdienst in der Kirche fand am 10. Juli 1829 im Beisein von Zar Nikolaus I., seiner Frau Alexandra Fjodorowna und König Friedrich Wilhelm III. statt. Die Zarin war die älteste Tochter des preußischen Monarchen und seiner früh verstorbenen, vom Volk verehrten Königin Luise. Politisch und militärisch waren Preußen und Russland seit dem Kampf gegen Napoleon um die Vorherrschaft in Europa enge Verbündete. Das spiegelt sich im Namen der Potsdamer Kirche: Alexander Newski war ein russischer Herrscher und Kriegsheld des Mittelalters, der von der russisch-orthodoxen Kirche heilig gesprochen wurde.

Als 1825 mit dem Zaren Alexander I. ein persönlicher Freund und wichtiger Verbündeter Friedrich Wilhelms III. starb, fasste dieser den Entschluss, zu seinem Andenken ein russisches Kolonistendorf bei Potsdam zu errichten: die Alexandrowka. Vorbild waren russische Militärdörfer, in denen die Soldaten während der Friedenszeiten ihren Lebensunterhalt als Bauern selbst erwirtschaften sollten. Für die russische Kunst- und Baugeschichte ist die Alexandrowka ein einzigartiger Meilenstein, weil es eine vergleichbar gut erhaltene Anlage auf russischem Territorium nicht mehr gibt. Auf Kosten des preußischen Königs entstanden am Fuß des Kapellenberges 13 russische Blockhäuser, in die russische Sänger mit ihren Familien einzogen. Während der napoleonischen Kriege waren sie von preußischen Truppen gefangen genommen worden und dienten seither dem König als Truppenunterhalter. Noch heute wohnen in einem der Blockhäuser der Alexandrowka Nachfahren von Wassili Schischkoff, der 1827 als einer der Ersten ins russische Dorf einzog. Zu den nach der deutschen Wiedervereinigung Zugezogenen zählt auch ein gebürtiger Ostfriese: Jann Jakobs, der Oberbürgermeister von Potsdam.

Es sieht in der Kolonie heute fast wieder so aus wie in den Anfangszeiten: Die Blockhäuser sind in den vergangenen Jahren denkmalgerecht saniert worden, die vom Holzwurm zerfressenen und vermoderten Fassadenornamente hat man vervollständigt, vor allem aber wurden die großen Gärten nach dem ursprünglichen Plan Peter Joseph Lennés neu angelegt. Die Alexandrowka war eine preußische Mustersiedlung mit sortenreichen Obstbaumalleen. Das filigrane Wegenetz ist durch die Neupflanzung von rund tausend Apfel-, Birnen-, Pflaumen-, Kirschen-, Quitten- und Pfirsichbäumchen wieder erkennbar. Auf den ehemaligen Äckern wachsen Wildblumen und Rosen. Ein Imker hat ein offenes Häuschen mit nach alten Vorbildern handgeflochtenen Bienenkörben aufgestellt. Hinter dem Haus Nummer 12 gedeiht ein besonders üppiger Bauerngarten mit Blumen und Kräutern, Kartoffelbeet, Kirsch- und Apfelbäumen. Vor neun Jahren habe er das Haus von der Stadt gekauft, erzählt der Besitzer, während er Topinambur ausreißt und Tomatenpflänzchen an einer Stütze hochbindet, der Garten zur Selbstversorgung sei nur gepachtet. Herr Andres ist von Beruf Musiker und Vorsitzender eines Kulturvereins, der Konzerte und jedes Jahr ein russisches Fest in der Alexandrowka organisiert.

Durch hölzerne Gattertore gelangt man in die idyllischen, meist menschenleeren Gärten, die von den beiden Hauptalleen durch dichte Hainbuchenhecken abgeschirmt werden. Sie bilden symbolhaft ein Andreaskreuz, am Schnittpunkt im ehemaligen Aufseherhaus kann man Tee trinken und russisch speisen. Im Haus Nummer 2 befindet sich ein Museum zur Geschichte der Alexandrowka, es veranstaltet auch Freiluftkinoabende in den Gärten. Vor dem Haus Nummer 6 steht ein grüner Sonnenschirm, darunter ein kleiner Tisch mit Marmeladengläsern und eine Büchse mit Wechselgeld. Wer drei Euro reinsteckt, darf eine süße Erinnerung an die Alexandrowka mitnehmen.

Als am Ende des Zweiten Weltkriegs erneut russische Soldaten nach Potsdam kamen, wurden einige in den Blockhäusern einquartiert. Das Villenviertel zwischen Alexandrowka, Pfingstberg und Neuem Garten riegelten die Sieger mit Mauern und Stacheldraht ab. Am 11. August 1945 mussten die Bewohner ihre Häuser binnen weniger Stunden verlassen, die großbürgerliche Nauener Vorstadt verwandelte sich in das sowjetische Militärstädtchen Nr. 7, eines von mehreren in der russischen Besatzungszone. Die Große Weinmeisterstraße wurde in Ulica Centralnaja (Zentralstraße) umbenannt, die Straße am Neuen Garten in Ulica Bibliotecnaja (Bibliotheksstraße), die Leistikowstraße in Ulica Sportivnaja (Sportstraße). In der Großen Weinmeisterstraße 7 war die Kommandantur, in Nummer 51 ein Wohnheim für ledige Offiziere, in der Nummer 54/55 ein Magazin, wo sich die Soldatenfamilien mit Moskauer Konfekt, Krimsekt und Kaviar versorgten. Nummer 46/47, die Villa Quandt, in renoviertem Zustand seit 1997 Sitz des Brandenburgischen Literaturbüros und des Theodor-Fontane-Archivs, war Teil einer Kaserne für Wachmannschaften, diente als Heizhaus und Sauna. Als die Rote Armee 1994 abzog, waren die meisten Häuser in ruinösem Zustand. Davon ist zwischen den aufgeputzten Villen aus der Kaiserzeit heute so gut wie nichts mehr zu spüren. Die Kälte und Düsternis, die das für Zivilpersonen verbotene Militärstädtchen umgab, hat sich auf eine Gedenkstätte an der Leistikowstraße 1 zurückgezogen. In dem tristen Putzbau mit seinen kleinen vergitterten Fenstern befand sich seit Kriegsende ein Gefängnis des sowjetischen Geheimdienstes. Der Archipel Gulag reichte bis nach Potsdam, hier begann für Deutsche und Sowjetsoldaten nach brutalen Verhören die lange Reise in sibirische Arbeitslager. Aus den engen, feuchten Zellen im Keller drang kein Laut und keine Nachricht nach außen. Eine unheimliche Stille lag über dem ganzen Militärstädtchen. Erst nach dem Abzug der Sowjets wurde das Schweigen gebrochen: Potsdamer Bürger und die Menschenrechtsorganisation Memorial sammelten Dutzende von bedrückenden Berichten ehemaliger Häftlinge und setzten sich dafür ein, das KGB-Gefängnis als Gedenkort zu erhalten.

Sacrow
Der Weg zum Glück

„Sacrow liegt eine Meile ab, auf einer Straße, die niemand bereiset als ich, was denn beim Schnee desto beschwerlicher fällt, noch dazu, da es durch die Heide geht, wo der Wind oft sehr zusammendeilt. Es ist in allem Betracht ein verdrießliches Filial, und doch muss ich es alle vierzehn Tage bereisen. Gott! du weißt es, wie ich dann den ganzen Tag vom Morgen bis Abend fahren und reden muss, wie sauer es mir jetzt wird in der Hitze des Sommers, in der Kälte des Winters", seufzte der Pastor Moritz aus Fahrland, der im späten 18. Jahrhundert zum Predigen, zu Taufen und Beerdigungen nach Sacrow musste. Die Straßen sind besser geworden, im toten Winkel liegt der Ort immer noch: Von der Potsdamer Insel trennen ihn der Jungfern-, der Lehnitz- und der Krampnitzsee. Mit dem Wassertaxi ist man schnell herübergefahren, aber Rad- und Autofahrer müssen einen langen Umweg um die Seen herum nehmen. Näher als Potsdam liegt Berlin, seit die Mauer bei Sacrow gefallen ist. Vom Berliner Hottentottengrund führt eine schmale Asphaltpiste durch den Wald, sie scheint eher in ein Naturreservat als zu einer Siedlung zu führen.

Sacrow liegt verträumt zwischen den Seen, ein paar schöne alte Villen gibt es dort und mittendrin leuchtet als Farbfleck eine Blumengärtnerei. Früher muss auch Wein angebaut worden sein. Ein Waldhügel heißt Weinberg und eine Straße Weinmeisterweg. Folgt man ihm, gelangt man zu einer winzigen Badestelle, wo das Wasser so sauber ist, dass man fingerlange Wasserschnecken herausfischen und zwischen Schilf und rosa blühenden Seerosen auf den Sacrower See hinausschwimmen kann. Beim Baden hat man den See ganz allein für sich. Ringsum von Wald und Schilf umgeben, scheint er in schönster Waldeinsamkeit fern von Berlin und Potsdam zu liegen, weitab von der Havel mit ihren kultivierten Parkufern und dem Bootsgewimmel auf dem nahen Wannsee.

Nach Sacrow führen stille Wege zum Glück. Seit 2006 dreht eine Babelsberger Produktionsfirma dort Außenaufnahmen für eine Telenovela, die es im Zweiten Deutschen Fernsehen schon auf einige hundert Folgen gebracht hat. In der Nachmittagsserie „Wege zum Glück" heißt der Ort Falkental. Im Gutshaus der Familie van Weyden tobt ein Familienkrieg um Liebe und Geld, es werden undurchschaubare Intrigen gesponnen, Vaterschaftstests gefälscht und Gifte in die Drinks der Rivalen gerührt. Die meisten Szenen entstehen wie am Fließband in den Babelsberger Filmstudios, jeden

Werktag eine neue Folge von 40 Minuten; nur ab und zu gönnt sich die Crew einen schönen Dreh in der frischen Luft des Sacrower Parks. Zwischen riesigen Platanen leuchtet das kleine weiße Schloss, im Fernsehen ist es das Gutshaus der van Weyden. Schloss Sacrow wird es genannt, seit es König Friedrich Wilhelm IV. im Krönungsjahr 1840 ankaufte.

Von allen Potsdamer Schlössern ist es das bodenständigste und bescheidenste, das macht seinen besonderen Charme aus. Neben dem zweistöckigen märkischen Gutshaus stehen ein paar kleine Wirtschaftsgebäude, früher müssen hier gackernde Hühner spazieren gegangen sein. „Ein Ratzenloch" sei Sacrow gewesen, schreibt der Pastor Moritz, bevor 1773 der schwedische Graf Hordt das Gutshaus bauen und einen kleinen Park anlegen ließ. Hordt diente dem Alten Fritz als Offizier und brachte es bis zum Gouverneur von Spandau.

Der romantische Dichter Friedrich Baron de la Motte Fouqué verlebte auf dem Gut einige Kindheitsjahre, möglicherweise hat ihn die Jugend am Wasser zu seinem Nixenmärchen „Undine" inspiriert. Die preußische Herrscherfamilie interessierte sich für den Erwerb des Anwesens Sacrow, weil sich vom Ufer des Jungfernsees großartige Ausblicke auf Potsdam und die anderen Schlösser boten. Nach dem Neuen Garten, der Pfaueninsel, Klein-Glienicke und Babelsberg war Sacrow der fünfte Hohenzollernpark, den Peter Joseph Lenné rund um die zum Jungfernsee verbreiterte Havel anlegte. Die weite Wasserfläche sollte die Gärten zu einem einzigen riesigen Landschaftspark verbinden.

Vom Schloss oder besser Gutshaus sind in den letzten Jahren die Sichtschneisen durch den Park nach Babelsberg und Potsdam wieder freigeschlagen worden. Der ganze Reichtum der Blickbeziehungen erschließt sich bei einem Spaziergang entlang des Uferwegs. Wie Ausrufezeichen stehen schlichte grüne Holzbänke überall dort, wo sich eine schöne Sicht auf Schloss Cecilienhof, das Belvedere auf dem Pfingstberg, das Marmorpalais, nach Babelsberg oder auf Schinkels Casino im Glienicker Park ergibt. Am Schnittpunkt des Uferwegs mit der barocken Hauptachse des Gutsparks ragt ein gemauerter Aussichtspunkt, die halbrunde Römische Bank, in den Schilfgürtel des Jungfernsees hinaus. In der Telenovela ist sie ein beliebter Picknickplatz. Ein paar Schritte weiter liegt die Sacrower Kirche wie ein vertäutes Schiff am Ufer. Die noble Backsteinbasilika mit dem schlanken Campanile des Architekten Ludwig Persius ist ein Blickfang für die Schiffe auf der Havel. Nicht minder malerisch sind die Aussichten aus der um den Kirchenraum gezogenen Säulenhalle auf das Wasser.

Als „Ecclesia Sanctissimi Salvatoris in Portu Sacro" – Heilandskirche im Heiligen Hafen – wurde das Gotteshaus 1844 geweiht. Die Kirche ist geöffnet dank der Initiative eines rührigen Bürgervereins, der Geld für die Restaurierung der Orgel sammelt und im Gutshaus gelegentlich Lesungen und Konzerte organisiert. Der Sternenhimmel in der Kirche und das Fresko von Jesus mit den Jüngern in der Apsis strahlen in frischen Farben wie zur Erbauungszeit. Man kann Postkarten kaufen, auf denen dokumentiert ist, wie es vor 20 Jahren aussah: Im Innern glich die Kirche einer Ruine. Sie stand zwischen Betonmauern und Stacheldraht mitten im Todesstreifen, der unzufriedene DDR-Bürger abhalten sollte, in die Havel zu springen, um mit wenigen Schwimmzügen Westberliner Gewässer zu erreichen.

Ein Drittel des Gutsparks war mit solchen Grenzbefestigungen überzogen, auf dem übrigen Gelände standen Schuppen, Ställe und Trainingsanlagen für die Ausbildung von Zollhunden. Anfallenden Müll entsorgten die Grenztruppen in den Teichen des Parks. 1993 hat ihn die Stiftung Preußische Schlösser und Gärten übernommen und so weit ausgemistet, dass seine Schönheiten wieder erkennbar sind. Auch ein Museum im Schloss war geplant, doch wegen der mangelhaften Verkehrsanbindung wurde dieses Projekt schnell wieder auf Eis gelegt.

Vorerst bleibt Sacrow ein Ort heimlicher Sehenswürdigkeiten. Über der Eingangstür zum Campanile der Kirche hängt ein Relief, das man von fern für die Darstellung eines Gekreuzigten halten kann. Auf den zweiten Blick erkennt man einen Mann, der über seinem Kopf eine Weltkugel hält, umzuckt von Elektroblitzen. Die Gedenktafel aus dem Jahr 1928 erinnert an die erste Funkantenne in Deutschland. Im Sommer 1897 benutzten die Physiker Adolf Slaby und Georg Graf von Arco den Glockenturm für Experimente, bei denen es ihnen gelang, Funksignale über den Jungfernsee bis hinüber zur Matrosenstation an der Glienicker Brücke zu übertragen. Nach gescheiterten Versuchen auf der Pfaueninsel kamen die von Sacrow mit Morsezeichen übermittelten Telegramme in Potsdam an, wovon sich auch der technikbegeisterte Kaiser persönlich bei einem Besuch überzeugte.

Hinter den Wirtschaftsgebäuden des Gutes liegt ein schöner alter Obstgarten. Der große Süßkirschenbaum in der Mitte bietet seine Früchte an tief herabhängenden Zweigen an. Neben der Obstplantage stand die „Tausendjährige Eiche", nach Schätzungen von Dendrologen immerhin 700 Jahre alt, jetzt ein imposanter Trümmerhaufen aus knorrigen Ästen und rostigen Eisenstangen, die den Baum stützten, bis er zusammenkrachte. Moos und Pilze wachsen auf der toten Rinde.

Sie sank, weil sie zu stolz und kräftig blühte!
Die abgestorbne Eiche steht im Sturm,
Doch die gesunde stürzt er schmetternd nieder
Weil er in ihre Krone greifen kann

– ein Naturbühnenbild wie für ein Drama von Kleist, der in Potsdam die Stadtschule besuchte. Aus dem abgebrochenen, geborstenen Eichenstumpf ist an dünnen Ästen wieder eine halbseitige Blätterkrone herausgewachsen. Die Schönheit von Potsdam ist verletzlich, flüstern die Blätter, aber sie ist nicht totzukriegen.

Adressen und Literaturhinweise

S. 7: Verschiedene Reedereien bieten **Dampferfahrten** nach Potsdam an, die größten sind die Berliner Stern und Kreisschiffahrt (Tel. 0 30/53 65 60-0, www.sternundkreis.de) und die Potsdamer Weiße Flotte (Tel. 03 31/2 75 92 10, www.schiffahrt-in-potsdam.de). Sie betreibt auch die nach einem festen Linienfahrplan verkehrenden Wassertaxis (www.potsdamer-wassertaxi.de).

S. 14: Literatur: Clemens Alexander Wimmer: Der Potsdamer Lustgarten. Berlin 2004.

S. 21: **Schloss Sanssouci**
Maulbeerallee
14469 Potsdam
Täglich außer montags ab 10 Uhr geöffnet, je nach Jahreszeit bis 16, 17 oder 18 Uhr. Der Park steht ab 6 Uhr bis zum Einbruch der Dunkelheit offen. Aktuelles unter www.spsg.de
Literatur: Hans-Joachim Giersberg: Die Ruhestätte Friedrichs des Großen in Sanssouci. Berlin 1991.
Ders.: Schloss Sanssouci, Berlin 2005.

S. 27: Literatur: Lutz H. Prüfer: Potsdam und der Wein. Wiesbaden 2006.

Schön und nützlich. Aus Brandenburgs Kloster-, Schloss- und Küchengärten. Ausstellungskatalog, Berlin und Potsdam 2004. Informationen über die Rekonstruktion des Winzerbergs unter www.winzerberg-potsdam.de

S. 33: **Orangerieschloss**
An der Orangerie 3–5
14469 Potsdam
geöffnet von Mai bis Oktober täglich außer montags 10–18 Uhr.
Der **Bornstedter Friedhof** an der Ribbeckstraße ist ganztägig geöffnet,
Tel. 03 31/52 05 68.
Literatur: Karlheinz Deisenroth: Märkische Grablege im höfischen Glanze: der Bornstedter Friedhof zu Potsdam. Berlin 2003.
Preußisch-Grün. Hofgärtner in Brandenburg-Preußen. Katalog, Berlin 2004.

S. 39: Den **Persiusturm** findet man beim Leibniz-Institut für Agrartechnik Bornim (ATB)
Max-Eyth-Allee 100
14469 Potsdam-Bornim
Literatur: Bolko Bouché u. a.: Potsdam Grün, Gartenkunst zwischen gestern und morgen, Hamburg 2001.
Michael Seiler und Manfred Hamm: Inszenierte Landschaften. Berlin 1999.

S. 43: **Botanischer Garten der Universität Potsdam**
Maulbeerallee 2
14469 Potsdam
Tel. 03 31/9 77-19 52
www.botanischer-garten-potsdam.de

S. 47: **Schloss Charlottenhof**
Geschwister-Scholl-Straße 34a
14471 Potsdam
Führungen von März bis Oktober, täglich außer montags ab 10 Uhr

S. 53: Führungen durch **Depots und Werkstätten** werden von der Stiftung Preußische Schlösser und Gärten unregelmäßig angeboten, Termine unter www.spsg.de oder beim Besucherservice (Tel. 03 31/96 94-2 02).
Lesetipp: Marmor, Stein und Eisen bricht ... Die Kunst zu bewahren. Restaurierung in den Preußischen Schlössern und Gärten. Ausstellungskatalog 2006.

S. 59: Die **Friedenskirche** ist von April bis Oktober täglich bei freiem Eintritt geöffnet.

S. 65: **Jan Bouman Haus**
Mittelstraße 8
14467 Potsdam
Tel. 03 31/2 80 37 73
www.jan-bouman-haus.de
Geöffnet Mo-Fr von 13-18 Uhr, Sa/So 11-18 Uhr.

Französisch-Reformierte Gemeinde
Gutenbergstraße 77
14467 Potsdam
Tel. 03 31/29 12 19
www.reformiert-potsdam.de
Der Aktionsladen „Eine Welt" ist an Werktagen ab 15 Uhr geöffnet.

S. 71: **Freundschaftsinsel**
Lange Brücke
14467 Potsdam
03 31/2 00 80 16
Geöffnet ganzjährig von 7 Uhr bis zum Einbruch der Dunkelheit.

Karl-Foerster-Garten
Am Raubfang 6
14469 Potsdam-Bornim
Geöffnet täglich von 9 Uhr bis zur Dämmerung.
Literatur: Marianne Foerster: Der Garten meines Vaters Karl Foerster. München 2005.

S. 77: **Altmann-Garten**
Geschwister-Scholl-Straße 33
14548 Caputh
Tel. 03 32 09/8 46 73
Geöffnet Do-So, 10-18 Uhr

Einsteinhaus
Am Waldrand 15-17
14548 Caputh
Tel. 03 31/27 17 80
www.einsteinsommerhaus.de
April bis Oktober, Sa/So, 10-18 Uhr (nur mit Führung)
Einsteins Sommer-Idyll in Caputh. Ausstellung im Bür-

gerhaus Caputh
Straße der Einheit 3
14584 Caputh
Tel. 03 32 09/21 77 72
Geöffnet April bis Oktober
täglich außer montags,
11–17 Uhr, November bis
März nur Freitag bis Sonntag.
Schloss Caputh
Straße der Einheit 2
14548 Caputh
Tel. 03 32 09/7 03 45
Geöffnet 15. Mai bis 15. Oktober täglich außer montags,
10–17 Uhr, 16. Oktober bis
14. Mai, nur am Wochenende
und an Feiertagen, 10–16 Uhr
Literatur: Dietmar Strauch:
Einstein in Caputh. Die
Geschichte des Sommerhauses. Berlin/Wien 2001.

S. 84: **Wissenschaftspark Albert Einstein**
Telegrafenberg
14473 Potsdam
www.aip.de
Das Gelände ist ganztägig für
Spaziergänger geöffnet. Führungen durch den Einsteinturm und den Wissenschaftspark veranstaltet die Urania
„Wilhelm Foerster", Gutenbergstraße 71–72, 14467 Potsdam, Tel. 03 31/29 17 41
www.urania-potsdam.de
Literatur: Hans Wilderotter
(Hg.): Ein Turm für Albert
Einstein. Potsdam, das Licht
und die Erforschung des
Himmels. Potsdam 2005.

S. 88: **Hoffbauer-Stiftung**
Hermannswerder 7
14471 Potsdam
Tel. 03 31/2 31 31 00
www.hoffbauer-stiftung.de

S. 93: **Nowaweser Weberstube**
Karl-Liebknecht-Straße 23
14482 Potsdam
Tel. 03 31/70 70 59
Geöffnet Di und Do,
13–16 Uhr.

S. 97: **Schloss Babelsberg**
Park Babelsberg
14482 Potsdam-Babelsberg
Tel. 03 31/9 69 42 50
Öffnungszeiten: 1. Mai bis
31. Oktober, Di–So, 10–17 Uhr.
Flatowturm
Park Babelsberg 12
14482 Potsdam
Tel. 03 31/9 69 42 49
Öffnungszeiten: 1. April bis
31. Oktober: Sa, So, Feiertage
10–17 Uhr.

S. 103: **Marmorpalais**
Im Neuen Garten
14469 Potsdam
Tel. 03 31/9 69 42 46
Öffnungszeiten: 01. April bis
31. Oktober: Di–So 10–17 Uhr,
1. November bis 31. März:
Sa/So/Feiertage 10–17 Uhr.
Schloss Cecilienhof
14469 Potsdam
Tel. 03 31/9 69 42 44

Öffnungszeiten: 1. April bis
31. Oktober: Di–So 9–17 Uhr,
1. November bis
31. März: Di–So 10–17 Uhr.
Privaträume des Kronprinzenpaares: Di–So 11,
13 und 15 Uhr.

S. 110: **Alexander-Newski-Kapelle**
Russische Kolonie 14 – Kapellenberg
14469 Potsdam
Tel.: 03 31/29 63 13
Museum Alexandrowka
Russische Kolonie 2
14469 Potsdam
Tel. 03 31/8 17 02 03
www.alexandrowka.de
Geöffnet täglich außer montags, 10–18 Uhr.
Gedenk- und Begegnungsstätte Ehemaliges KGB-Gefängnis Potsdam
Leistikowstraße 1
14469 Potsdam
Öffnungszeiten unter
www.kgb-gefaengnis.de
Literatur: Museum Alexandrowka (Hg.): Kolonie Alexandrowka, Katalog, Potsdam 2005.

S. 116: Veranstaltungen und Informationen zum **Schloss Sacrow**: Ars Sacrow e. V.
www.ars-sacrow.de
Die **Heilandskirche** ist ganzjährig außer montags geöffnet von 11–16.30 Uhr
www.heilandskirche-sacrow.de

Zum Weiterlesen:

Catrin During/Albrecht Ecke:
gebaut! Architekturführer
Potsdam. Berlin 2008.
Claas Fischer: Potsdam. Begegnungen mit Bäumen. Potsdam/Berlin 2007.
Peter-Michael Hahn: Geschichte Potsdams. München 2003.
Georg Hermann: Spaziergang in Potsdam (1929). Neuausgabe Berlin 1996.
Jochen R. Klicker: Potsdam. Literarische Spaziergänge. Frankfurt a. M. 2003.
Doris und Arnold E. Maurer: Potsdam. Ein Reisebuch. Frankfurt a. M. 1993.
Friedrich Mielke: Potsdamer Baukunst. Frankfurt a. M. und Berlin 1981.
Helene von Nostitz: Potsdam (1930). Neuausgabe Frankfurt a. M. 1966.
Alexander Rost/Toma Babovic: Potsdam. Hamburg 2008.

Sehr hilfreich für Spaziergänger sind auch die Themenbände der Reihe „Potsdamer Ge(h)schichte", herausgegeben vom Militärgeschichtlichen Forschungsamt Potsdam, Berlin 2007ff.

Stille Winkel in Potsdam

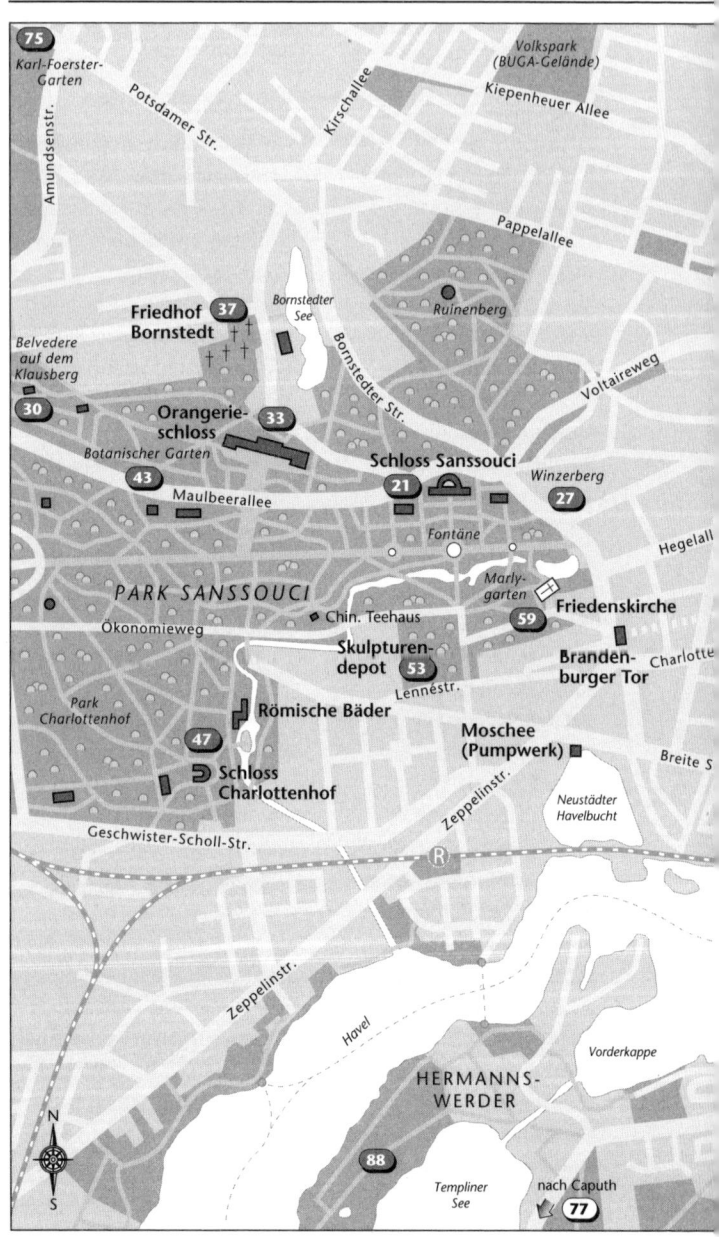

Karte

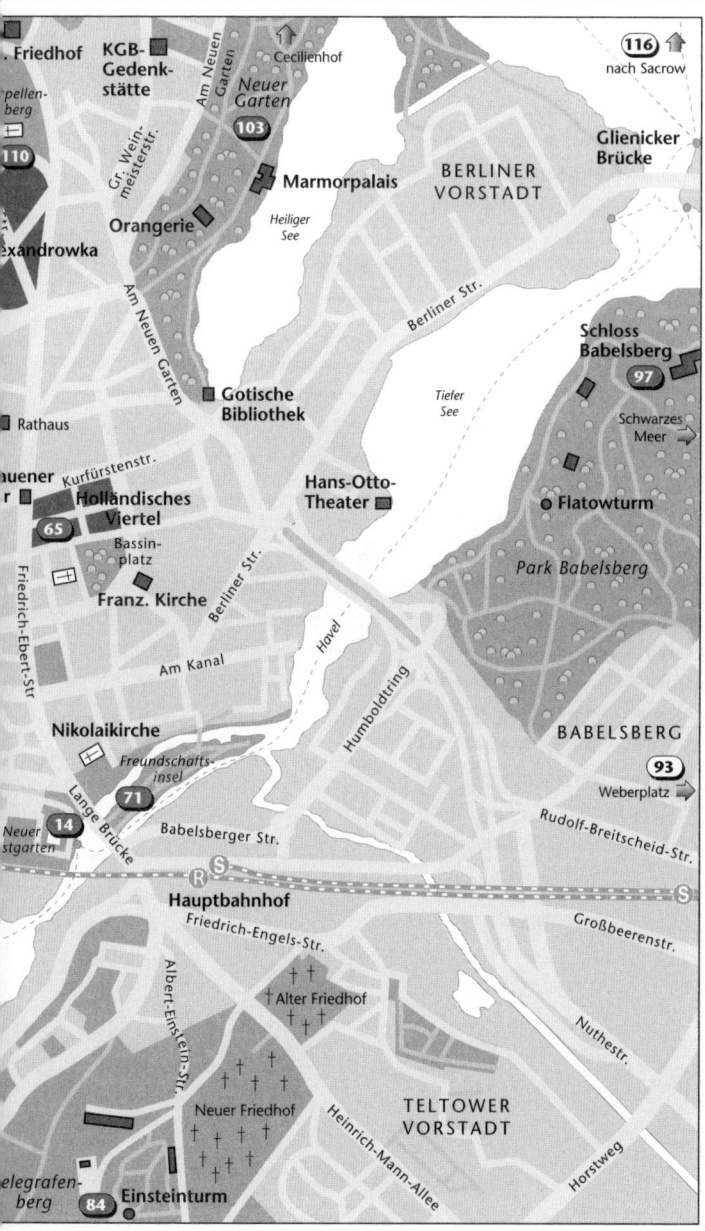

Impressum

**Bibliografische Information
der Deutschen Bibliothek**
Die Deutsche Bibliothek
verzeichnet diese Publikation
in der Deutschen National-
bibliografie; detaillierte bibliografische Daten sind im Internet über <http://dnb.ddb.de>
abrufbar.

ISBN 978-3-8319-0348-1

© Ellert & Richter Verlag GmbH,
Hamburg 2009

Dieses Werk einschließlich aller
seiner Teile ist urheberrechtlich
geschützt. Jede Verwertung
außerhalb der engen Grenzen
des Urheberrechtsgesetzes ist
ohne Zustimmung des Verlages
unzulässig und strafbar. Dies
gilt insbesondere für Vervielfäl-
tigungen, Übersetzungen,
Mikroverfilmungen und die Ein-
speicherung und Verarbeitung
in elektronischen Systemen.

Bildnachweis
Das Titelfoto zeigt die Friedens-
kirche im Marlygarten. Die
Rechte des Bildes liegen bei
Siegfried Layda, Berlin.
Alle Bilder im Text von Michael
Bienert und Elke Linda Buch-
holz, Berlin
Abdruck der Bilder auf den Sei-
ten 21, 33, 47, 53, 59, 97 mit
freundlicher Genehmigung der
Stiftung Preußische Schlösser
und Gärten Berlin-Brandenburg,
Fotograf: Michael Bienert

Lektorat: Beatrix Sommer,
Hamburg
Gestaltung: Büro Brückner +
Partner, Bremen
Karte: Peter Palm, Berlin
Gesamtherstellung: Offizin
Andersen Nexö Leipzig GmbH